Césaire et Senghor
Un pont sur l'Atlantique

http://www.librairieharmattan.com
diffusion.harmattan@wanadoo.fr
harmattan1@wanadoo.fr

© L'Harmattan, 2006
ISBN : 2-296-01000-8
EAN : 9782296010000

Lilyan Kesteloot

Césaire et Senghor
Un pont sur l'Atlantique

L'Harmattan
5-7, rue de l'École-Polytechnique ; 75005 Paris
FRANCE

L'Harmattan Hongrie	**Espace L'Harmattan Kinshasa**	**L'Harmattan Italia**	**L'Harmattan Burkina Faso**
Könyvesbolt	Fac..des Sc. Sociales, Pol. et Adm. ;	Via Degli Artisti, 15	1200 logements villa 96
Kossuth L. u. 14-16	BP243, KIN XI	10124 Torino	12B2260
1053 Budapest	Université de Kinshasa – RDC	ITALIE	Ouagadougou 12

*Aux étudiants d'Afrique noire
... et d'ailleurs*

Du même auteur :

- *Les écrivains noirs de langue française : naissance d'une littérature*, Bruxelles, Institut de sociologie, 1963, Préface de Luc de Heusch.

- *Aimé Césaire, Poète d'aujourd'hui*, Paris, Seghers, 1963 (en réédition).

- *L'épopée traditionnelle*, Paris, Nathan, 1972.

- *Anthologie Négro-africaine*, Bruxelles, Marabout-Université, 1967 ; nouvelle édition augmentée, Paris, EDICEF, 1981 – nouvelle édition augmentée, 1993.

- *Comprendre le Cahier d'un retour au pays natal d'Aimé Césaire*, Versailles, éd. Saint-Paul, 1983.

- *Comprendre les poèmes de L. S. Senghor*, Versailles, éd. Saint-Paul, 1985.

- *Histoire de la littérature négro-africaine*, AUF, Karthala, Paris, 2001, rééd. 2003.

En collaboration avec :

A. Traoré, J.B. Traoré, A. Hampate Ba, *Da Monzon de Ségou, épopée bambara*, Paris, Nathan, 1972 (rééd. 1993, L'Harmattan).

Kotchy B., 1973, *Aimé Césaire, l'homme et l'œuvre*, précédé d'un texte de Michel Leiris, Paris, Présence africaine.

Dumestre G., Traoré J.B., *La prise de Dionkoloni, épisode de l'épopée bambara*, Classiques africains, Armand Colin, Les Belles Lettres, 1975.

A. Hampate Ba, Lylian Kesteloot, *Kaïdara, récit initiatique peul*, Les Classiques africains, 1968 (rééd. Paris, Sotock et Abidjan, NEI, 1994).

A Hampate Ba, Lylian Kesteloot, Alpha I. Sow, Ch. Seydou, *L'éclat de la grande étoile*, Classiques africains, Amand Colin, Les Belles Lettres, 1975.

Mbodj Chérif, *Contes et mythes wolof*, Dakar, NEA, 1980.

Dieng Bassirou

- *Du Tieddo au Talibé*, contes et mythes wolof II, Paris, Présence africaine, ACCT, 1992.

- *Les épopées d'Afrique noire*, Paris, Karthala, Unesco, 1997, préface du professeur François Suard, de Nanterre.

- *Contes et mythes du Sénégal*, Dakar, Enda-IFAN, 2001.

Sommaire

Avertissement 9
Césaire, compagnon de route de l'Afrique 13
En suivant un roi dans son île 21
Image, Mythe et Surréalisme dans la poésie de Césaire 27
Petite leçon sur le surréalisme et la poésie de Césaire, à l'usage des néophytes ..35
Alchimie d'un poème 43
Ex-voto pour un naufrage 49
La quête d'un poète et le socle du ressentiment...51
Interview de Césaire à l'université Laval 63
Césaire, le poète et le politique 69
En relisant Moi Laminaire 75
Césaire et l'Afrique, en poésie 87
La bouteille à moitié vide ou la bouteille à moitié pleine ? 93
Un poète sans frontières : du Terroir au « Tout monde »..................................101
L'Anthologie de Senghor et la préface de Sartre dans le contexte
de l'après-guerre 111
La négritude hier et aujourd'hui 121
Senghor, la Négritude et la Francophonie, au seuil du XXIe siècle 127
Senghor et le métissage 135
Senghor et le rythme 139
Pourquoi étudier Senghor au Sénégal, histoire d'un malentendu 143
Pourquoi étudier Senghor en France ? 149
Senghor et la religion - Ambivalence et ambiguïté..155
Senghor, la femme, l'amour..161
Léopold Sédar Senghor : défense et illustration
de la littérature négro-africaine..167
Entretien avec L. S. Senghor sur les langues africaines...................................173
Problématique des littératures africaines nationales en Afrique 181
Brève bibliographie..197

Avertissement

Pourquoi publier cette collection d'articles parus (ou non) dans diverses revues, à propos de ces deux poètes, l'un sénégalais, l'autre antillais ? Et quel est l'intérêt de les présenter ensemble ?

2006, l'année Senghor, bien sûr ! Mais alors pourquoi Césaire ?

Eh bien ! Il nous a paru capital de les associer pour des motifs impérieux.

En effet, ce sont les deux chefs de file du *Mouvement de la Négritude* qui fut à l'origine de la littérature négro-africaine écrite, et les citer ensemble induit au rappel d'une Histoire qu'on a tendance aujourd'hui à oublier, voire à occulter : celle qui mobilisa les intellectuels noirs d'Afrique et d'Amérique entre 1932 et 1960, pour protester contre le racisme, la ségrégation et la colonisation.

On assista alors à un véritable Front Commun concrétisé par la revue *Présence africaine* (1947), les éditions du même nom, l'*Anthologie de la nouvelle poésie nègre et malgache* (1948), et la *Société africaine de culture* qui organisa les deux Congrès internationaux des écrivains et artistes noirs à Paris (1956) et à Rome (1959).

Le pont sur l'Atlantique fut alors virtuellement réalisé, reliant l'Afrique à ses diasporas de l'autre rive, dans la prise de conscience de leur destin par les intellectuels noirs de toute provenance.

Or Césaire et Senghor, avec Léon Damas et quelques compagnons, avaient déjà établi cette passerelle en 1935, en créant le journal de l'*Etudiant noir* qui supprimait toutes les frontières entre Antillais et Africains, et s'ouvrait sur les problèmes des Noirs américains (lynch, ségrégation) comme sur ceux de l'Afrique (guerre d'Ethiopie, colonisation).

Dès ces années-là, ce furent eux qui lancèrent les mots d'ordre, et alimentèrent la réflexion sur ce qui deviendra la Négritude, ses définitions, ses exigences et ses modes d'action.

Le mouvement ne fit que s'amplifier, pour éclater après la guerre, en un véritable combat pour l'Indépendance.

Les quelques textes que nous proposons ici essaient d'élucider certains points de cette démarche historique, que nous avons décrite de façon plus globale dans *Les écrivains noirs de langue française* (1961).

Nous avons choisi les points qui prêtèrent à discussion, voire à certains conflits, à différents moments de 1960 à nos jours.

– Ainsi les spéculations sur la notion de négritude, plus existentielle chez Césaire, plus culturelle chez Senghor, sans jamais s'exclure cependant, alors qu'elle fut l'objet d'une critique sévère autour de 1970 (voir l'interview de Césaire plus loin).

– Ainsi le problème suscitée par l'écriture surréaliste de Césaire qui fut contestée d'abord par ses camarades communistes en France, ensuite par ses lecteurs africains non initiés à cette forme d'expression.

– Ainsi l'adhésion de Senghor à la Francophonie (langue et organisation) que l'on jugea incompatible avec ses options en faveur de la Négritude.

– Ainsi également les difficultés que, de son côté, Césaire rencontra dans son pays avec les Créolistes, qui opposèrent l'Antillanité et la Créolité à cette Négritude jugée trop tournée vers l'Afrique.

– Cependant qu'un autre courant, venu d'Europe cette fois-ci, tentait de briser le concept unitaire de Littérature Négro-Africaine, avec celui de Littératures Nationales fragmentées en autant de nouvelles nations nées avec l'Indépendance.

Ces points sensibles furent l'objet de nombreux débats sur les trois continents.

Ils eurent surtout l'effet (voulu ou non) de diviser ce qui était uni : non seulement le pont sur l'Atlantique fut largement fracturé, mais les Antillais se déchirèrent entre eux, et les Africains se partagèrent entre « nationalistes », « africanistes » et « beurs », ou « négropolitains » ou « francophones » installés en France. Nous ne parlons que des écrivains bien sûr.

Mais cela correspondait à une situation plus générale de dislocation de l'unité africaine, sous l'effet de diverses influences.

Aujourd'hui on enregistre des stratégies nouvelles pour recoller les morceaux, avec les théories des African-American dans les universités USA, avec l'idéologie de la Renaissance africaine que proposent certains présidents de l'O.U.A. qui renouent avec la Diaspora.

On comprend, *a posteriori*, que la Négritude avait une dimension politique non négligeable, qu'elle renforçait le panafricanisme, qu'elle proposait un terreau fertile où pouvait s'enraciner la lutte collective des

Négro-Africains pour l'affirmation de leur identité, de leurs droits à l'égalité et au développement.

Que donc dans la mesure où la Négritude fut battue en brèche et ainsi rendue inefficace, il urgeait de la remplacer par d'autres mots d'ordre, sous d'autres drapeaux véhiculant des concepts analogues, en vue de rassembler les énergies africaines dispersées, voire tribalisées. Utopie peut-être, mais utopie nécessaire !

C'est pourquoi il nous a semblé opportun de rappeler que Césaire et Senghor, en créant cette utopie originelle, avaient intuitivement tout compris :

Césaire qui se proclamait nègre et africain, et pas seulement pour des motifs historiques. Senghor qui prônait les valeurs de la civilisation négro-africaine, et pas seulement pour des raisons culturelles.

Mais leurs poèmes, leurs discours, leurs essais témoignant à l'envi de leur exigence de fraternité, d'unité, de dignité, de justice, appelaient à l'action politique. Et l'expression « le monde noir » courante avant les Indépendances, pour eux, pour Alioune Diop et ses amis, signifiait cette unité.

L'unité du Monde noir est donc à reconstruire dans le cadre plus complexe de la mondialisation. Est-ce possible ? Il faut croire à l'utopie. Nous ne sommes à l'évidence pas compétent pour offrir des recettes. Mais on peut réfléchir sur le fait qu'une grande aventure peut surgir d'une rencontre, d'une amitié, d'une complémentarité, d'une confiance mutuelle. Ecoutons Césaire lui-même :

« Pendant quarante ans, Léopold Sedar Senghor et moi, nous avons vécu parallèlement, nous quittant souvent, ainsi va la vie, mais sans pour autant jamais nous séparer. Et comment l'aurions-nous pu ? Nos adolescences s'étaient confondues, nous avions lu les mêmes livres, et souvent le même exemplaire ; partagé les mêmes rêves ; aimé les mêmes poètes. Nous avions été étreints par les mêmes angoisses et surtout nous nous étions colletés avec les mêmes problèmes... notre jeunesse ne fut pas banale... traversée par l'angoisse d'une question : qui suis-je ? quelle est ma nature... il ne s'agissait pas de métaphysique mais d'une vie à vivre, d'une éthique à fonder, et de communautés d'hommes à sauver. A cette question, nous tâchâmes, vous et moi, de répondre... Et ce fut la Négritude »

(Discours de réception de L.S. Senghor à la Martinique – in *Le Soleil*, Dakar, 1976)

Cette amitié de deux poètes exceptionnels et de forte volonté, fut indéfectible et résista à toute tentative de division. Nous sommes plusieurs, d'Afrique et des Antilles, à pouvoir en témoigner sur la longue durée.

Cette amitié qui créa le premier pont sur l'Atlantique, on la voit se perpétuer aujourd'hui, malgré tempêtes et séismes, par l'intérêt récent du Brésil pour l'Afrique (et pas seulement la très rentable Afrique du Sud) ; par la fascination qu'exercent les idées de Cheikh Anta Diop sur les professeurs d'Atlanta et autres départements de Black Studies ; par la mise en scène en 2005-2006, au Sénégal de la pièce de Césaire la plus violente *Une saison au Congo ;* par la nécessité éprouvée par l'O.I.F. (Organisation Intergouvernementale de la Francophonie), de préparer deux colloques sur Senghor aux Antilles, pour le centième anniversaire du président sénégalais.

Nous revoilà au point de départ !

Puis-je ajouter que ce modeste recueil pourrait aussi offrir aux profanes une petite introduction à l'œuvre et aux idées des deux plus grands poètes noirs francophones ?

Lilyan Kesteloot.
IFAN – Université de Dakar.

Césaire, compagnon de route de l'Afrique

On nous a souvent demandé pourquoi les intellectuels africains aimaient Césaire, le préféraient à tous les Antillais, écrivains ou fonctionnaires, nombreux pourtant, qui vinrent militer à leurs côtés avant les indépendances.

Il y eut d'abord René Maran l'auteur de *Batouala*, qui déjà en 1921 attirait l'attention du monde sur la Centre-Afrique. Puis les gouverneurs Eboué, Corenthin et Lisette qui furent à leurs côtés au Palais-Bourbon. Puis Paul Niger, Guy Tirolien, Bertène Juminer, Maryse Condé qui travaillèrent en Afrique, avant Dorsinville, les époux Lemoine, Brierre, Viltord, Chenet, Sainville, Orville, pour ne citer que ceux qui s'attardèrent au Sénégal.

Pourquoi en effet ? C'est une longue histoire. Une histoire d'amour. Mais tout d'abord, une histoire d'amitié.

Lorsqu'en 1931, Césaire débarque à Paris, avec son bac en poche et une bourse pour continuer ses études, il n'a sans doute aucune attirance pour l'Afrique. Il vient des îles, et il les quitte avec une joie non dissimulée. Ces Antilles « désespérément obturées à tous les bouts » où se promène une foule « passée à côté de son cri » et « menteusement souriante[1] ». Pour lui les Antillais c'est tout ce qu'il connaît de la race noire ; ils ont comme histoire la Traite, et comme ancêtres, les esclaves de plantations de canne à sucre. La Martinique est une colonie à étages : tout en haut, les Blancs-France, puis les créoles-béké, puis les métis, du plus clair au plus sombre, puis tout en bas, les nègres. Pyramide sociale impitoyable. Et l'Afrique ? Très loin, très sombre. Les sauvages !

Et voilà qu'il rencontre Senghor. Etudiant lui aussi, débarqué lui aussi tout frais du Sénégal, puis pupille de Blaise Diagne le député, et petit-neveu des anciens princes du Sine…

Senghor qui devint tout de suite l'ami. Dans ce sombre lycée Louis-le-Grand, jouxtant la Sorbonne, ils étaient les deux seuls Noirs en classe préparatoire aux Grandes Ecoles où l'on formait l'élite de la Nation. Ils préparaient Normale Supérieure, tous deux férus de littérature, de latin et de grec.

---

[1] Citations tirées du *Cahier d'un retour au pays natal*.

Pourtant ce ne fut pas le grec ou le latin qui les lièrent. Mais la négritude. Faut-il vous la redéfinir ? C'est la simple reconnaissance du fait d'être noir, dit Césaire, et la conscience de ce que cela implique : passé de souffrances et d'humiliations, et revendication de la dignité d'homme ; à quoi Senghor ajoute : la négritude, c'est aussi les valeurs de civilisation de l'Afrique, ses cultures, ses arts et son histoire « clamée par cent griots, cependant que les lycées de Saint-Louis ferment leurs fenêtres ».

Mais pour Césaire, c'est la révélation, c'est la résurrection. « Senghor m'a appris l'Afrique » se souvient-il « et je me suis dit Africain ». Senghor qui ne demandait pas mieux que d'évoquer son père propriétaire terrien, la belle demeure de Joal, les nuits de Sine sur les troupeaux endormis, et puis « Koumba Ndoffène en son manteau royal », et Sira Badral la princesse Kabunke : « on nous tue Almany, on ne nous déshonore pas[2] » ; Senghor racontait tout, la lutte sénégalaise, les grandes filles de quatre coudées, les salutations, la téranga[3], le teddungal[4], la kersa[5] ; tous ces usages à l'opposé du nègre sauvage que les Antillais imaginaient à travers les livres d'images de cette époque.

La rencontre de Senghor lui donnait des racines. Il vécut, cinquante ans plus tôt, ce que raconte Alex Haley dans *Roots*.

Il y avait donc des « nègres à ancêtres » comme l'écrivait Maryse Condé[6]. Et même dans cet immense continent, tout le monde en avait. Avait un nom porté depuis des générations.

« Savoir à quoi son nom l'appelle » dit le roi Christophe. Qui n'a qu'un prénom. Césaire aussi c'est un prénom. Donné à son fils par une lointaine arrière-grand-mère, qui elle aussi n'avait qu'un prénom, Jacqueline. C'est tout.

Césaire a eu des ancêtres grâce à Senghor, par procuration. Car très vite il dépasse sa personne, il pense peuple, il pense race, il pense diaspora. C'est la force du poète. Et du politique.

---

[2] Citations tirées du *Chants d'ombre*

[3] L'accueil, la politesse

[4] L'hommage

[5] La retenue, la discrétion

[6] Maryse Condé, dans *Hérèmankhonon*

Ce qui est à moi... mon île-clôture... l'archipel... Haïti... la Floride où d'un nègre s'achève la strangulation, et l'Afrique gigantesque chenillant jusqu'au pied hispanique de l'Europe[7]...

Voilà. Césaire a récupéré l'Afrique, il a jeté le pont. Il n'en sera plus jamais coupé. Et tout d'abord il s'informe auprès d'autres Africains, au lieu de se laisser enfermer dans les bals antillais ; dans les livres, il dévore Frobenius, Delafosse, Griaule, Leiris. Il rencontre Alioune Diop, Rabemananjara, Birago, Dadié, Mongo Beti, et fonde avec eux la revue *Présence africaine* en 1947.

Cependant qu'au Palais-Bourbon où il représentera la Martinique, il soutiendra les revendications de Senghor, Mamadou Dia, Houphouët, Fily Dabo Sissoko, les durs du RDA, mais aussi d'Arbousier, Tchiyaya père, Ouezzin Coulibaly, Apithy, Modibo Keïta, Raseta, bref tous ces portes-parole de l'Afrique noire qui négociaient pied à pied les modifications du statut des colonies[8]. Malgré les tendances diverses, on distingue très nettement le courant irrésistible qui conduira toute l'Afrique francophone à l'Indépendance.

C'est dans ce courant que s'inscrivirent les deux Congrès des Ecrivains et Artistes Noirs en 1956 et en 1959, organisés par *Présence africaine*. Là encore c'est Césaire qui est leader, aux côtés d'Alioune Diop, Senghor, Fanon et Cheikh Anta Diop. Ecoutons-le, avec son talent de tribun affirmer sa foi dans la civilisation africaine : « La civilisation qui a donné au monde de l'art, la sculpture nègre, la civilisation qui a donné au monde politique et social des institutions communautaires originales, comme par exemple la démocratie villageoise ou la fraternité d'âge ou la propriété familiale, cette négation du capitalisme, et tant d'institutions marquées au coin de la solidarité ; cette civilisation qui a donné une philosophie fondée sur le respect de la vie et l'intégration dans le cosmos ». Il dit aussi : « Notre rôle, à nous hommes de culture noire... est d'annoncer, et de préparer la liberté de nos peuples... et de leur génie créateur enfin débarrassés de leurs entraves ».

Trois ans plus tard, à Rome, au 2e Congrès, Césaire allait plus loin :
« Notre responsabilité, c'est que de nous dépend en grande partie l'utilisation que nos peuples sauront faire de la liberté reconquise. Et

---
[7] Extrait du *Cahier d'un retour au pays natal*
[8] Sur ce sujet, on lira avec profit l'excellent petit livre d'Yves Bénot, Les Députés africains au Palais-Bourbon de 1914 à 1958, Paris, Editions Chaka, 1989.

c'est là ce qui, plus profondément que nos particuliers devoirs, fonde notre devoir d'homme. Car enfin, il est une question à laquelle aucun homme de culture, de quelque pays qu'il soit, à quelque race qu'il appartienne, ne peut échapper et c'est la question suivante : Quelle sorte de monde nous préparez-vous donc là ? Qu'on le sache : en articulant notre effort sur l'effort de libération des peuples colonisés, en combattant pour la dignité de nos peuples, pour la vérité et pour la reconnaissance, c'est en définitive pour le monde tout entier que nous combattons et pour le libérer de la tyrannie, de la haine et du fanatisme. »

Ce qui nous étonne, aujourd'hui plus qu'hier, c'est à quel point il avait pris fait et cause pour l'indépendance de l'Afrique, et le cœur avec lequel il combattait pour cette cause. Alors que les Antilles étaient devenues des départements français et qu'en fait, l'avenir des Africains ne les concernait concrètement en rien.

Paradoxalement, il répondra oui à de Gaulle, au moment du Référendum, et un certain nombre d'Antillais ne le comprirent pas.

La vérité est que Césaire croyait davantage en l'Afrique qu'aux Antilles. Il savait que son électorat ne souhaitait pas l'aventure des Indépendances. Depuis 1945 son activité de député au sein du Parti communiste avait consisté à obtenir l'égalité des droits pour les anciens esclaves. Il y avait réussi.

En tant que maire de Fort-de-France, il travailla à transformer cette cité sans égouts, et ceinte de bidonvilles minables. Le roman *Texaco*, de Patrick Chamoiseau, a bien témoigné de l'action de Césaire pour le peuple des bidonvilles, pour ses programmes d'assistance et de construction. Ecoles, maternités, cantines, crèches, dispensaires et hôpitaux, Césaire développa au maximum le social, et certes son bon sens lui disait qu'il n'aurait les moyens de scolariser à 100% les enfants de Martinique qu'avec l'argent de la Métropole, l'île étant très loin d'être autosuffisante. C'est que c'est tout petit la Martinique.

« Ces poussières d'îles » disait avec mépris de Gaulle. Cela voudrait dire quoi, l'Indépendance, pour ces poussières d'îles qui ne savent même pas se réunir en fédération caraïbe, comme Césaire l'a maintes fois souhaité ?

Tandis que l'Afrique ! C'est un continent immense, compact. Césaire a vécu les Indépendances africaines, là aussi, par procuration, avec enthousiasme. « *Et je vous vois Mali, Guinée, Ghana, point maladroits, sous le soleil nouveau* » il se sent plus que jamais Africain ; l'Afrique, il l'a décrite comme « *un grand cœur de réserve* ». Il est en phase avec Sékou Touré comme avec Senghor, avec Nkrumah comme avec Lumumba. Et très vite aussi il réagit aux soubresauts de la politique congolaise. Il écrit coup sur coup *la Tragédie du roi Christophe* et *Une saison au Congo*. Les deux pièces sont polarisées sur l'Afrique. Même *Christophe* qui met en scène l'indépendance haïtienne. C'est pour l'Afrique qu'il écrit, c'est à l'Afrique qu'il pense ; et c'est elle qu'il met en garde dans cette œuvre formidable qui deviendra la pièce emblématique des grandeurs et misères des indépendances nègres. Les Africains s'y sont bien reconnus du reste, et cette pièce a inspiré le théâtre naissant de Dadié, Dervain, Cheikh Aliou Ndao, Sylvain Bemba, et même Sony Labou Tansi.

Césaire, pour écrire *Une saison au Congo*, s'était énormément documenté sur Lumumba et tous les acteurs noirs et blancs de la politique congolaise. Il avait contacté personnellement Jean Van Lierde et Kashamura qui furent respectivement, l'ami et le ministre de grand Patrice. Il avait lu toute la presse, consulté des dossiers. Il avait conscience que ce premier échec africain était très grave. Et il ne s'en consola pas.

Ainsi Césaire suivit de près la politique africaine. Il espéra en Sékou, Nkrumah, Modibo, ceux dont le discours avait été le plus vigoureux dans la quête de la restauration de la dignité nègre. Il fut au rendez-vous du Festival des Arts Nègres à Dakar en 1966, et à celui de l'OUA, à Addis-Abeba en 1963. Il était heureux. Il était ému. Toutes ces nations nouvelles rassemblées dans le plus ancien royaume africain, le seul à n'avoir pas été colonisé !

Difficilement il essaie d'expliquer dans un entretien :

« L'Afrique a représenté pour moi, évidemment le retour aux sources, la terre de nos pères, donc une immense nostalgie, un lieu d'accomplissement de moi-même. Je crois que je n'aurais pas été moi-même si je n'avais pas connu l'Afrique. C'était une dimension essentielle de moi-même que je découvrais à travers les Africains ».[9]

Mais il y a des choses indicibles en termes clairs. C'est du reste pour cela que Césaire écrit des poèmes si complexes, « et qui ne me comprend pas ne comprend pas davantage le rugissement du tigre… ».

---

[9] Entretien avec L. Kesteloot in *Césaire l'homme et l'œuvre*, voir note suivante.

Puis le temps passa. Il y eut les tortures en Guinée, l'exil de l'Osagyefo, l'emprisonnement de Modibo, les coups d'Etat militaires en série : l'enthousiasme de Césaire diminuait avec les espaces de liberté, dans l'Afrique livrée aux dictateurs...

« Je souffre de l'Afrique comme je souffre des Antilles » avouera-t-il. « Mais je ne perds pas espoir. Il est plus important pour moi que l'Afrique réussisse. Je crois que je me consolerais plus facilement d'un échec des Antilles que d'un échec de l'Afrique... Parce que, quand l'Afrique réussira, je crois qu'implicitement, en partie, le reste sera aussi résolu ». Le reste quoi ? « Le reste de problème, de mon problème, y compris celui des Antilles, et en Amérique du Nord, mais cela se joue aussi en Afrique[10] »

Alors il se raccrocha à Senghor, le fidèle ; il vint au Sénégal plusieurs fois ; ici la liberté, les libertés respiraient encore. Echanges, visite sénégalaise en Martinique, etc.

Il y eut encore ce dernier rendez-vous à Miami, organisé par Pathé Diagne, avec les pères de la Négritude, et les Noirs américains, dans le cadre du Fespaco[11]. Sara Maldoror en fit un très beau film.

Puis Senghor partit en 1981. Césaire le vit en France désormais. Alioune disparut, Senghor vieillit, Césaire vint de moins en moins en Europe. Il prend de l'âge, il se replie sur sa terre natale.

Il y organise un Festival annuel de théâtre, où il invite les poètes sud-africains, les musiciens noirs américains ; la victoire de Mandela lui donne une très grande joie. L'Afrique, il y pense encore. Il la recherche dans les Noirs antillais.

Certains paysages de Martinique lui rappellent le Kivu, où il n'a jamais mis les pieds. A travers Wifredo Lam, le peintre négro-cubain qui fut son ami, il évoque tous les dieux Yoruba : Yemanja, Shango, Ogun[12], Olorun. L'Afrique avec ses mythes demeure en lui présente, incrustée dans sa géographie du cœur.

En attendant, certes, ses illusions se sont envolées.

---

[10] In L. Kesteloot et B. Kotchy : *Aimé Césaire, l'homme et l'œuvre*, Présence africaine (p. 201-202)

[11] Festival des Arts Nègres.

[12] Tandis qu'Eshu est présent dans la *Tragédie du roi Christophe* et dans *Une Tempête*.

*Les rêves échoués desséchés font au ras de la gueule des
rivières
de formidables tas d'ossements muets
les espoirs trop rapides rampent scrupuleusement
en serpents apprivoisés
on ne part pas on ne part jamais
pour ma part en île je me suis arrêté fidèle
debout comme le prêtre Jehan un peu de biais sur la
mer...*

(Ferrements)

C'est à ce prêtre Jehan que Césaire s'identifie, « chercheur d'Afrique[13] » mais bloqué sur son rocher antillais, et tourné vers la mer qui le sépare, mais aussi le relie au continent noir, que tôt ou tard il lui faudra rejoindre.

Car comme tout bon Antillais, Césaire sait que lorsque viendra l'heure, son âme rentrera, retournera en Guinée. Avant de renaître comme le phénix, pour une autre vie.

Paru dans la revue *Europe*, 1998.

---

[13] Titre d'un roman de l'écrivain congolais Henri Lopes. Quant au prêtre Jean c'était un missionnaire qu'on crut parti vers l'Ethiopie au XIIe siècle, et que l'on chercha en vain. En réalité il était en Perse...

En suivant un roi dans son île

Lorsque l'on a connu les Antilles à travers les poèmes de Césaire, lorsqu'on a pénétré (toujours dans l'imaginaire) le malaise, le mal-être qu'engendre chez lui « *cette fiente, ce sanglot de coraux* », « *ce vrac, ce sac* », ces « *îles-prisons* », on s'en fait, avouons-le, une idée assez noire (sans jeu de mots).

Aussi lorsque, sur le tard, on débarque enfin dans cette Martinique afin de voir, de vivre les « *visions irréparables* » de notre poète, le choc est grand !

Où est donc la ville plate affreusement échouée, les mornes écrasés de peur et de misère, les masures et les rues Paille avec leurs égouts à ciel ouvert ? Où sont les enfants qui mâchent la canne pour tromper leur faim ? Où ? Où ?

A la place s'étend une ville superbe entourée d'une couronne de collines plantées de villas et d'immeubles récents, dans une île sillonnée par un réseau routier sans défaut.

La Martinique et les Martiniquais ont bien changé ! Et c'est tant mieux. Ils ont bénéficié d'un bon maire pendant trente ans. Son nom ? Papa Césaire. Il a fait construire écoles, maternités, HLM, égouts et pistes goudronnées. Il a obtenu pour ses administrés les avantages des citoyens français. Et dans notre Tiers Monde de 1993 qui s'appauvrit de jour en jour, les Antilles et la Martinique apparaissent un peu comme des îlots échappés au déluge ; et l'on s'en réjouit. Eux du moins... pour eux du moins la négritude aura servi à quelque chose !

Et dans cette ville gracieuse et opulente où pousse une jeunesse vigoureuse et bien nourrie, on se met à chercher la mairie pour rencontrer ce maire bon génie.

Alors, parmi les boutiques pimpantes et les bâtisses coloniales restaurées joliment, tout soudain se dresse, mi-bastide, mi-blockhaus, une espèce de forteresse de béton et de verre, un polygone irrégulier perché sur des pitons qui surhaussent ses cinq étages de bureaux : c'est le château du roi Christophe !

On y accède par des ascenseurs silencieux ; et après plusieurs barrières d'huissiers et de secrétaires on peut (si on a de la chance) arriver à être reçu par le maire de céans qui devrait trôner derrière son grand bureau d'édile ; mais la réception est sans cesse interrompue par des coups de téléphone, par des entrées et sorties de « *collaborateurs* » pour des motifs divers ; les appels impérieux du prince sont suivis de réponses empressées des barons ; il se lève sans cesse, il marche, il parle, les ordres sont donnés à voix forte et sans réplique. Ça va, ça vient, et tout ce petit ballet évoque irrésistiblement les courtisans voltigeant du souverain haïtien si bien croqué dans la *Tragédie*. Même déférence pour l'homme fort du palais, même façon de l'entourer, de l'envelopper, de l'isoler,... de le confisquer ?

Si bien qu'il y a des gens simples qui attendent, demandent, redemandent un rendez-vous depuis des mois... « *Monsieur le Maire est si difficile à rencontrer* » ; « *Ah, si je pouvais voir Monsieur le Maire, ma situation s'arrangerait* ». – Hélas !

Pourtant Monsieur le Maire n'arrête pas, il est toujours sur la brèche. Monsieur le Maire est un constructeur : « *Ah, que je vous envie, Besse d'être un bâtisseur* », disait Christophe. De même Césaire, qui, Dieu merci, a survécu à sa citadelle, n'en finit pas de bâtir. Il n'est vraiment heureux que lorsqu'il échappe à son « *lourd cuirassé de pierre* » pour courir sur ses chantiers, ici une crèche, là une cité en location-vente, ailleurs l'aménagement d'un carrefour ou l'installation d'un centre de santé.

Bien, voilà, il est treize heures. Il rentre dans sa maison de bois, vers la Redoute, avec sa véranda coloniale. Il mange peu. Il se repose peu. Et le revoilà au créneau, capitaine vieillissant et expérimenté à la barre du navire Martinique. Il consulte, discute, examine, signe.

Et il reçoit des gens, des quémandeurs, des tonnes de petits employés, ouvriers, chômeurs. Des étudiants, des artistes, des comédiens. – Car en cela les Antillais sont bien des Négro-Africains : c'est le chef que tout le monde veut voir, il vaut mieux s'adresser au Bon Dieu qu'à ses saints. Et dès qu'on a un vrai problème il n'y a que Papa Christophe qu'on juge capable de le résoudre. C'est fou. C'est ainsi. On ne les changera pas.

Enfin vient le soir. Cinq heures et demie. Christophe plonge dans la grosse DS que conduit un chauffeur, Albicy, fidèle et massif. On prend la route de la Trace qu'on suivra jusqu'à Tartane de l'autre côté de l'île (face Est). On traverse un paysage qui ressemble à la campagne camerounaise, de la région de Yaoundé. Mais plus construite et moins cultivée. Beaucoup de jardins clos. Une multitude de collines. Une multitude de voitures devant les maisons et même les bicoques. Des poubelles parisiennes au bord des prairies... hallucinant ! des réverbères partout, et qui marchent. Beaucoup de maisons en construction. Parpaings, parpaings.

Césaire explique, commente, fait stopper la voiture, descend, apostrophe des gens qui travaillent sur un chantier, discute avec le contremaître en créole.

C'est la première fois de ma vie que je l'entends parler créole. Il parle très vite. Couramment, certes. Tout à coup de plain-pied avec les campagnards qui l'abordent et lui parlent eux aussi en créole, avec de grands sourires. Le roi Christophe visite son peuple. C'est une autre face ? « *Ma face tendre d'anses fragiles.* » Il adore qu'on l'interpelle : Ho ! M'sieur l'maire ! On ne le dérange plus. Dans sa mairie il donne, il donne. Ici, c'est lui qui reçoit. Et d'abord de ce pays vert et exubérant aux noms qui chantent.

Vers Tartane et Caravelle, le paysage se dégage en découpes plus larges : collines plantées de cannes, de bananiers, pâturages roux-blonds piqués de vaches brunes et blanches, bords de mer très ajourés, l'Anse du Trésor des flibustiers de jadis. La région est boisée, gardée jusqu'ici quasi vierge.

Lotissement pour vacanciers sur la droite. Il en faut, n'est-ce pas ? Mais soudain la voiture quitte la route. Grimpe à même la prairie jusqu'au sommet du morne qui s'avance dans la mer, espèce de cap. Césaire descend. Visiblement habitué, le chauffeur éteint le moteur. Il attend sans poser de questions. Césaire continue à pied vers la mer. Il dit que par temps clair, en face, on voit la Dominique. Il avance jusqu'à un tronc d'arbre mi-sec et penché, l'air d'un profil de cerf. Il prend une feuille large à la base. « *Coccolobe* », dit-il. Il dit qu'il amène parfois ici des dossiers. Mais que ce coin toujours le détend, le repose.

La mer est plombée, agitée de vagues, plus vivante que du côté ouest. Et soudain Christophe se plaint : il dit qu'il est fatigué, que ce pays lui a pompé toute son énergie, que les Antillais revendiquent tout le temps, qu'ils ne sont jamais satisfaits, qu'il y a une voiture pour deux Martiniquais, 150 000 dans l'île (de voitures). Qu'il y a des écoles et des lycées partout, c'est vrai, scolarisés à 100% ! Mais 30% de chômage chez les jeunes, même avec allocations et RMI.

Puis on reprend la route avec le chauffeur philosophe et muet.

Césaire parle sans cesse. Il montre des cases de bois où sont assises des vieilles, devant la porte : « Des paysans, il y en a encore, pas beaucoup ».

Devant les nègres qu'on croise, sur ces routes de campagne, qui à pied, qui en vélomoteur, il dit : « Et celui-là, de quelle ethnie est-il ? un Wolof ? un Yoruba ? regarde comme il est noir ! Il faut posséder un œil d'ethnologue pour les identifier !... Il est vrai qu'on s'est aussi tellement mélangé... »

Toujours le long de la route sinueuse. On traverse plein de villages.
« C'est fou ce qu'ils construisent ! C'est de la culture du béton, il y aura bientôt plus de maisons que de champs. D'ailleurs on importe déjà tout, plus de 80%, contre 20% de nos exportations ! Pourtant tout pousse ici, on pourrait parfaitement se nourrir, mais plus personne ne veut planter, il n'y a presque plus de paysans ».
- Et les usages alimentaires alors ? manioc, plantain, gombo ?
- Eh bien ! Ils changent aussi, les gens mangent du bifteck, des hamburgers et boivent du Coca-Cola. On se modernise, c'est inévitable ».

Ce fonctionnaire, cet intellectuel éprouve comme une nostalgie du travail agricole. Est-ce l'anamnèse d'un trait culturel africain ? il est vrai que Césaire a toujours éprouvé le plus grand attrait pour le végétal, et plus concrètement pour les fruits : mangues, mombins, corossols, avocats, sapotilles...

Mais il continue : « Remarque, on voit encore la transition et les vestiges des constructions anciennes. Regarde ici de vieilles « cases nègres », cases à esclaves, entre un snack-bar et une villa moderne ; et là une orgueilleuse « maison de maître » (à véranda sur étage), tu vois c'est toujours là. »

Et puis, encore un peu plus loin : « Comment t'apparaissent les Martiniquais, après trois jours dans l'île ?
- Moi : gavés ! Oui, face à l'Afrique, gavés. Pas d'enfants qui fouillent dans les poubelles, couverts de guenilles, la peau sur les os, la morve...
- Lui : Ah non, c'est impensable !... Et pourtant, ils se plaignent sans arrêt.
- Moi : envoie-les donc un peu se promener à Dakar ou à Lagos...
- Lui : mais justement, la réaction de ceux qui s'y sont rendu est bizarrement petite-bourgeoise. Ils reprochent aux Africains de vivre dans ces conditions, sans eau courante, sans confort... comme si les Martiniquais eux-mêmes ne venaient pas d'une situation analogue. C'est qu'ils n'ont pas toujours eu ce dont ils jouissent aujourd'hui... avant la guerre encore... Mais ils ont déjà oublié !... ».

On grimpe, on grimpe sur la route en lacets, on arrive à la Rain-Forest. Extraordinaire ! Microclimat à 1000 mètres où la pluie tombe, perpétuelle, sur une forêt de bambous et fougères arborescentes, fouillis végétal de bois-rivières, figuiers maudits, épiphytes, lichens...
Lui : « Regarde, pas un pouce de sol vide ; voici un anturium géant, ils se reproduisent ici spontanément ; tu reconnais les petits becs de perroquets ? ».

Enchevêtrement de montagnes que la route, étroite soudain, contourne en boucles serrées à travers ce brouillard pluvieux. Dans la brume, on distingue les pitons du Carbet, des ravins où dégringolent des ruisseaux mousseux ; et pour moi c'est le surgissement du Kivu, les monts du Biega, l'escarpement de Kamagnola, ce mélange tropique haute montagne si particulier : chaleur humide corrigée par l'altitude. Rare.
Il dit « ça ressemble au Kivu non ? (Je n'avais pas parlé)... Eh oui, j'aime venir ici. Mais je préfère lorsqu'il y a du soleil. Aujourd'hui c'est trop brumeux, on ne voit pas le panorama... »
On perçoit une espèce de bruissement, crissement ininterrompu. Qu'est-ce donc ? « Des cabri-bois (grillons) et des grenouilles », dit le chauffeur. Mais Césaire : « ...peut-être aussi la chute des gouttes ». Et voilà qu'il murmure quelque chose sur une Velléda nordique....
Il ferme sa fenêtre : un peu froid, il toussote, étouffe un peu. Il respire mieux lorsqu'on débouche du sous-bois, de nouveau sur le versant ouest, mais très haut, du côté de Saint-Pierre face à la Pelée.
La pluie a disparu, la route dévale la montagne, retrouvant les villages, les maisons-jardins, les bâtiments blancs des écoles et des « Sécurité sociale ».
Mais le poète a rechargé ses accus. Il a bu une grande goulée du pays profond. La nuit est proche. Il peut rentrer au gîte. Demain, le roi Christophe reprendra son sceptre et son fardeau au cœur de la citadelle : « *Surgie, Vigie !* »[14].

---

[14] In Présence Africaine 1995.

Image, Mythe et Surréalisme dans la poésie de Césaire

Il nous avait paru facile, naguère, d'évoquer les dimensions mythiques de la poésie et du théâtre de Césaire. Avouons que nous fûmes rapidement submergés. D'abord qu'appellerons-nous mythe ? Et sur lesquels s'arrêter ? Il y a un livre à écrire sur ce sujet. Nous nous contenterons donc d'en aborder quelques aspects. Nous nous interrogerons ensuite sur la raison de leur prolifération.

En effet les mythes affleurent partout dans cette œuvre chargée d'érudition classique. On détecte assez vite ceux qu'on définit, au sens premier et grec du terme : histoires de dieux : mythe de Prométhée, mythe de Persée, mythe de Janus au double visage, mais aussi mythes bibliques que ce soit celui du Christ ou du Déluge. Véronique Bessard en a fait une première étude très instructive.

Mais on observe bientôt que Césaire a la faculté d'en créer d'autres, plus personnels, de vrais mythes littéraires au sens que Charles Mauron, R. Albouy ou Pierre Brunel ont donné à ce terme, notamment dans *Mythocritiques*[15] : ce sont des images obsessionnelles et récurrentes, organisées en réseau, polarisant toute l'œuvre, et lui imprimant leur marque indélébile.

Expression des fantasmes les plus profonds selon Freud, touchant au plus près le sacré de l'origine selon Groddeck, le mythe est aussi « le lieu des collusions les plus virulentes du psychisme individuel et des pressions sociales »[16].

Relevons le mythe du volcan par exemple. Il concentre en son symbolisme ascensionnel et explosif, toute la révolte césairienne contre le destin de sa race. Le volcan n'est-il pas d'abord feu interne et éruption de laves brûlantes ?

« ...*Moi Chimborazo violent*...
  ...*Moi qui Krakatoa*...

---

[15] P. Brunel – *Mythocritiques* – PUF – 1993.
[16] R Caillois – *Le mythe et l'homme* – Folio/essais – 1972.

...il y a des volcans dont l'embouchure est à la mesure exacte de l'antique déchirure ».

En creusant le symbole du volcan on rencontre la notion de feu enfoui, feu sous la cendre, feu invisible, couvant, vivant, « *l'extraordinaire téléphonie du feu central* » écrit Césaire. Ce feu donc qu'il peut toujours communiquer de façon secrète et rapide à tous ceux qui comme lui sont rebelles à leur sort, embusqués sur le front du refus, et qui attendent l'heure, ces « *Hommes sombres qu'habite la volonté du feu* ».

N'est-ce pas Césaire lui-même qui, dans une interview, en termes familiers, voire même prosaïques, y compare son activité poétique : « c'est un peu comme le volcan : il entasse sa lave et son feu pendant un siècle, et un beau jour ça pète, tout ressort... » (Keith Walker, La cohésion poétique dans l'œuvre césairienne, 1979).

Ce mythe du volcan s'est vraiment installé, au cours du temps dans l'œuvre césairienne ; on le retrouve ainsi menaçant ou accablant, selon que le poète lui-même s'éprouve plein de vigueur ou glissant vers la déprime. Ainsi décrira-t-il cette espèce de totem en images anthropomorphes :

« parfois il se cache, sa tête dans un sac de cendres
« ...parfois il se ronge
« ...le verra-t-on enfin endosser sa propre force
« le verra-t-on coup de cœur de l'éclair sur la masse
                                            fade du faubourg...
« ...alors il dit la pierre plus précieuse que la lumière »
                                    (*Moi Laminaire*, p. 46 – 47).

Mais pourquoi ce choix, pourquoi s'identifier à cet incident géologique ? Il faut savoir qu'il existe un volcan précis qui est un point culminant (1400 m) de cette île antillaise de 39 km sur 75, La Martinique.

Cette montagne Pelée, d'un coup de colère, a détruit la ville de Saint-Pierre sous la cendre brûlante, en 1902 ; Césaire naquit en 1913. Son grand-père Armand Césaire était natif de cette ville et la grand-mère qui a élevé Aimé a dû lui raconter...

L'identification au volcan est si forte que le poète ne cesse de l'investir de rôles nouveaux. Tel celui de berger ou de gardien « *véritable chien de mer, volcan vigilant... qui monte la garde au seuil des kraal des peuples endormis* ».

Rôle assimilable au sien sans doute, puisqu'il fut maire et député de son île durant plus de quarante ans. Ce côté paternel de Césaire, son côté Papa Christophe...

Enfin aussi, de par sa position dominante, le volcan voit loin, il voit l'horizon, il voit l'avenir, ce rôle prophétique que le poète endosse dès le *Cahier du Retour*, est certes celui qu'il préfère. Rien de tel que ce promontoire pour distinguer « *les ovaires du futur* qui agitent leurs petites têtes » pour capter « *les oiseaux parafoudres* », pour annoncer ce qu'il appelle la relance :

> « *la relance ici se fait*
> *par le vent qui d'Afrique vient*
> *par la poussière d'alizé*
> *par la vertu de l'écume*
> *et par la force de la terre* »

et la force de la terre, c'est son feu central n'est-ce pas ? En fait, même lorsque son volcan intérieur est fatigué – ce qui arrive plus souvent dans son dernier recueil – Césaire lui fait confiance et y reconnaît son double *« je salue le vieux lion et son courroux de pierre »*.

* * *

Nous pourrions évidemment traquer d'autres mythes de ce type, en formation dans cet imaginaire césairien foisonnant à s'y perdre. Ainsi le Soleil et le Serpent ; l'Algue laminaire qui s'accroche aux rochers, l'Ile, l'Arbre, qui « *troue l'accablement du ciel* », le Phénix enfin qui renaît de ses cendres, autant d'éléments de la nature dans lesquels il s'incarne, pour dire sa force vitale, sa soif de tendresse, sa patience têtue, son exigence de justice, son espérance toujours renouvelée.

Mais sont-ce déjà des mythes ? Ou des métaphores composant des réseaux d'images qui s'éclairent les unes les autres, pour articuler le langage si particulier de notre poète ?

La différence est peut-être celle que propose Caillois : « l'analyse d'un mythe à partir d'un système d'explication si fondé soit-il doit laisser une impression d'insurmontable insuffisance, un irréductible résidu ». Le mythe vous échappe toujours, en effet, c'est ce qui provoque sa récurrence comme le remarque Gilbert Durand. Tandis que la comparaison et la métaphore se laissent plus aisément investir.

De toutes façons, mythes ou métaphores, il faut apprendre à les décrypter, lentement, un à un, peu à peu, comme une langue étrangère.

Les poèmes de Césaire se poseront toujours comme des énigmes. Césaire le sphinx !

Il nous oblige à jouer le jeu. Accepter sa manière de vous poser des questions d'abord incompréhensibles.

Accepter sa pratique du surréalisme comme une forme quasi exclusive de communication poétique. Je suppose qu'on pourra demander indéfiniment à Césaire pourquoi il utilise l'écriture surréaliste ; il essayera toujours de donner une réponse raisonnable. Or ce n'est pas raisonnable de concasser ainsi la syntaxe, de subvertir les figures de styles, de perturber constamment les systèmes de signes ! L'ouvrage le plus éclairant sur ce point est celui de Mamadou Souley Ba[17]

Comment expliquer à ceux pour qui la poésie est d'abord musique et harmonie, la valeur de cette périlleuse aventure de l'imaginaire et de la langue ? Cette façon de tourner le dos au code de la communication ? Cette manière d'utiliser « non des mots formes mais *des mots artisans de l'informe* » ? des mots gestateurs d'autres formes ?

La poésie n'est à l'évidence pas l'outil que Césaire s'est choisi pour se faire comprendre par ses semblables, et singulièrement par les rationalistes.

Mais c'est le geste radical du refus d'un univers à jamais inadéquat à son attente, par le poème-rupture à jamais inadéquat à son désir. Voilà pourquoi il récidive :

*« Homme tant pis qui ne voyez pas
que vous ne pouvez m'empêcher de
bâtir des îles à la tête d'œuf de ciel flagrant ».*

Claire et sans équivoque est son attitude d'indépendance existentielle, de refus de toute contrainte (politique, sociale, logique morale ou raciale) dans ce domaine qu'il estime le seul sien, réservé, la poésie. Hors d'atteinte. Et toute tentative de chantage a toujours échoué, et, j'espère, échouera toujours, pour lui faire adopter des voies d'expression plus explicites...

Meschonnic dans son étude intitulée : *Pour la poétique*, tente de définir l'entreprise du surréalisme à travers Eluard, Soupault, Desnos, René Char : il découvre ce « désespoir qui rejette la naturaliste perception

---

[17] Mamadou Souley Ba : *Césaire, fondation d'une poètique*, éd. L'Harmattan, 2005.

des sens, qui pousse à l'exploitation du hasard et fait de chaque rencontre de mots le fragment d'une révélation ».

Pourtant cela vaut dès la plus simple métaphore ; comme le remarque notre critique, on ne traduit pas la métaphore ; « ainsi *sur les ailes du temps la tristesse s'envole* ne veut pas dire *le chagrin ne dure pas toujours*. Si La Fontaine avait voulu dire cela seulement, il l'aurait dit. Le vers de La Fontaine ne signifie pas la glose citée ».

Il y a un rapport, c'est vrai, entre les deux. Mais pas possibilité de réduction : « La poésie n'est pas addition, elle est altérité[18] ». D'où le sentiment d'impuissance qui saisit tout professeur conscient de cela, et obligé « d'expliquer » une œuvre poétique !

L'explication n'est jamais qu'une échelle fragile nous permettant de nous rapprocher du poème, sinon du poète. Car à vrai dire il est presque toujours plus aisé de comprendre l'homme que l'œuvre. L'œuvre est le miracle : cette part divine de transcendance qui s'épiphanise[19] en mots, en couleurs, en notes, en volumes et en lignes.

Phénomène de l'art, qui « permet à l'homme de voir autrement, d'autres choses. « *Il découvre un nouveau monde, il devient un nouvel homme* », écrivait Eluard.

Ce pouvoir de décollement, de décalage, de métamorphose, de transfiguration, comment Césaire l'ayant perçu, l'ayant conquis, aurait-t-il pu s'en dessaisir, de cette chance inouïe donnée à si peu d'élus ?

> *« parmi moi*
> *de moi-même*
> *à moi-même*
> *hors tout constellation*
> *en mes mains serrées seulement*
> *le rare hoquet d'un ultime spasme délirant*
> *vibre mot*
> *j'aurai chance hors du labyrinthe ».*

Ce nouveau monde, il l'a donc construit dans son œuvre même. A tout jamais la Négritude en restera illuminée. Même si peu encore le savent, ou y croient.

---

[18] Meschonnic : *Pour la Poétique* – Gallimard.

[19] J'utilise ici la terminologie de Gilbert Durand, dans *Introduction à l'imagination symbolique*, PUF 1974

Il a imposé ses propres constellations d'images, d'étoiles. Sur bien des choses « son ancienne vision est morte[20] ».

La nôtre aussi, il l'a tuée. Quand on a lu Césaire, comment penser : « île veilleuse, marronnage, zébu inquiet, bayous étranges, raz-de-marée, colibri, poinsettia, œil éclaté des hibiscus, sabre noir des flamboyants, fleuve de sagaies, morne boulimique, tigres surpris aux soufres, îles craquant aux doigts des roses », comment penser encore ces images avec des photos du Club Méditerranée ?

Les photos photographient, les mots de Césaire créent un autre univers, à la limite plus besoin de les voir, les îles. Ou bien si l'on y va, on y cherche ce que Césaire y a vu. Comme avec la citadelle du roi Christophe. Non plus monument démentiel édifié sur la montagne haïtienne au prix de 20 000 vies humaines. Mais *forteresse de la liberté, cuirassé de pierre, surgie, vigie*.

Le lecteur qui accepte de passer, de plonger dans le creuset des poèmes césairiens, en ressort, lui aussi, métamorphosé. Oh ! pas entièrement bien sûr, mais en partie, quelque part, il ne sait pas bien où, c'est inquiétant, mais quelque part en lui, changé.

« L'expérience langagière a puissance sur le monde ; les mots sont des choses » disait Hugo.

(Peut-être, mais « si les mots gagnent, que signifie leur victoire[21] ? ». Une victoire du continu sur le discontinu, dit encore Meschonnic. Cela nous semble bien abstrait et pas évident de surcroît).

En revanche, « la confiance au langage, le bonheur de l'expression, donnent un sens à un monde qui n'a plus de sens, ou qui n'en aurait pas sans certains mots en un certain ordre assemblés ».

Ainsi, pour Césaire, le désert ne sera plus le désert, par exemple, mais « désert, blanc à remplir sur la carte voyageuse du pollen », mais « désert qui se blute en blé » ou bien « cœur plus sec que l'harmattan » ou « pays de silence d'os calcinés de sarments brûlés ».

C'est le poète qui vous fait réellement découvrir que le mot ou la chose n'ont pas un sens unique, mais que leur sens est perpétuellement à inventer. Nous ne connaissons du mot que sa valeur d'usage, le poète en connaît la valeur d'échange et il lui donne valeur de merveille, valeur de radar, son « orientation » et aussi son « orient ».

---

[20] *Pour la poétique*, o.c.p. 147
[21] Comme le dit G. Mounié. *La communication poétique* – PUF

Point ne sera question ici de nous lancer dans l'analyse ou l'exégèse, de rechercher les ressorts de la fonction poétique césairienne, nous ne la découperons pas sa poésie en tranches structurales, ni ne l'examinerons à la loupe sémiotique, ni ne l'écartèlerons en configuration de symboles. Et les explorateurs les plus hardis sur ces sentiers abrupts sont sans doute Keith Walter, René Hénane[22] et Mamadou Ba[23].

Terminons plutôt par une question très simple :

Quand on en aura savamment démonté tous les mécanismes, conscients ou secrets, que restera-t-il de la poésie de Césaire ?

Réponse :

Que reste-t-il du diamant quand on sait que c'est du cristal de carbone dur, contrairement au graphite ?

L'arc-en-ciel.

Insaisissable. Irréductible. Inaltérable.

Paru dans la revue Le Rebelle – Fort-de-France

---

[22] René Hénane a consacré deux ouvrages importants aux images symboliques de la poésie césairienne.

[23] Mamadou Ba : *Césaire, fondation d'une poétique*. Ed. L'Harmattan.

Petite leçon sur le surréalisme et la poésie de Césaire, à l'usage des néophytes

Le surréalisme est un mouvement culturel européen qui toucha non seulement la littérature (poésie, prose, théâtre) mais aussi la peinture et la sculpture.

Après le réalisme (Balzac), le naturalisme (Zola) et les parnassiens (Hérédia, Leconte de Lisle), de la fin du XIXe siècle, il était difficile d'aller plus loin dans la description des choses de la nature et de la société.

En peinture même problème avec les peintres Chardin, Millet (L'Angélus).

En sculpture, idem, avec « Le Penseur » de Rodin, et les nus de Maillol si vrais qu'on aurait voulu leur pincer les fesses.

Et puis voilà qu'on invente la photographie (1850). Impossible donc de faire mieux dans la reproduction du réel ! Il faut chercher une autre voie.

Les peintres se mettent donc à réfléchir et travailler sur la lumière et cela donnera l'école impressionniste (Cézanne, Seurat, Degas, Van Gogh, Matisse, Gauguin) ; puis ils réfléchissent et travaillent les formes et les volumes, sous l'influence de l'art nègre, et cela donne l'école cubiste (Braque, Picasso, Fernand Léger, Derain) ; enfin ils libèrent leur imaginaire et créent l'école surréaliste (Max Ernst, Tanguy, Miro, Picasso toujours, Dali, Chirico).

Le choc qui va ébranler la littérature viendra des découvertes de Freud sur les pulsions irrationnelles de l'inconscient. Les poètes, les premiers, essayent d'échapper au réalisme parnassien ; l'école symboliste (Baudelaire, Mallarmé, Verlaine, Valéry, Maeterlinck) va dans un premier temps réintroduire le mystère, les sentiments troubles et les correspondances invisibles entre les éléments de la nature et l'âme humaine.

Rimbaud et Apollinaire accentuent le mouvement sans aller totalement jusqu'à la rupture.

Enfin l'école Dada et le surréalisme suppriment avec fracas le vers régulier, la rime, les strophes et la logique syntaxique de la poésie classique. Ils entament, sous la direction d'André Breton et Tristan Tzara, la plus grande révolution de l'histoire des lettres.

Ils vont assigner à la littérature l'exploration de cet inconscient révélé par Freud, et que des siècles de rationalisme (depuis Descartes) et de religion (chrétienne) ont refoulé dans l'âme de l'homme occidental.

La littérature devient une aventure, une quête du soi inconnu, un voyage vers des musiques inouïes, vers des rivages irréels, surréels. Le mot d'ordre est la liberté totale des sujets et des formes. Les poètes rejoignent ainsi les peintres et les sculpteurs (Hans Arp, Paul Klee, Brancusi, Ernst, Miro, Jean Ray).

Entre 1920 et 1940 on peut dire que l'art surréaliste domine l'Europe « libre » car très vite le communisme à l'Est a bloqué cet art « dégénéré », pour prôner le « réalisme socialiste » en peinture, sculpture et littérature.

Pourquoi le surréalisme va-t-il séduire les premiers poètes de la négritude, Damas, Césaire et Senghor qui fut l'ami de Tzara ?

Pour sa capacité de révolte, pour son refus du rationalisme et de la morale occidentale, pour son intérêt pour les arts nègres enfin, qui se manifesta chez les poètes (Apollinaire, Tzara, Desnos, Breton, Soupault) comme chez les peintres. Tous ces artistes collectionnaient les statuettes et masques d'Afrique ramenés par les premiers explorateurs. Ils y cherchaient des idées, des formes, des expressions de sentiments autres que ceux qu'on leur avait appris dans les académies et les universités. Toujours la découverte.

Mais pour les Africains et pour les Antillais le surréalisme va servir à autre chose.

***

Parlons de Césaire qui fut le plus engagé dans cette voie, tout en fondant le mouvement de la Négritude, bien distinct de toute école française.

Le *Cahier d'un retour au pays natal* est l'œuvre la plus connue et la plus accessible du poète qui n'avait, lorsqu'il l'écrivit, que 25 ans. Nous ne nous y attarderons pas. Les *Armes miraculeuses, Soleil cou coupé, Ferrements,* sont moins aisés à élucider. Césaire y utilise abondamment la méthode surréaliste qui lui servit, comme il l'a dit lui-même, à explorer ses grandes profondeurs ; l'inconscient n'est jamais facile d'accès, l'incons-cient de l'homme antillais est plus verrouillé encore par trois cents ans d'aliénation coloniale. (Voir *Peau noire, Masques blancs*, de Frantz Fanon).

Les poèmes de ces trois recueils sont donc assez hermétiques. Cependant, si on prend les poèmes un à un, si on les lit, les relit avec grande attention, on est presque toujours frappé par un éclair qui en livre la signification majeure. Mais de grandes plages de textes nous échappent encore. Il faut alors s'assujettir à un laborieux travail d'analyse pour augmenter le champ de la compréhension. Il est rare qu'on arrive à éclairer tous les détails et c'est normal.

L'écriture surréaliste implique la notation d'un certain nombre d'images produites par le hasard des associations automatiques, associations qui peuvent provenir d'anecdotes très diverses que nous ignorons, ou de souvenirs anodins que l'auteur lui-même a complètement oubliés : ainsi le voisinage dans un jardin d'une fleur et d'un objet sans relation intime avec elle, par exemple une chaise, peut se retrouver dans un poème simplement parce que le poète a vu et enregistré ce détail concret. Lui-même ensuite l'oublie, et vous chercherez en vain pourquoi cette fleur auprès de cette chaise !

Par contre l'analyse (et mieux encore la psychanalyse) permettront de décrypter les symboles et les thèmes récurrents libérés par l'inconscient du poète, et qui seront les temps forts du poème, porteurs des significations essentielles.

Certes chez Césaire les symboles sont souvent ambigus, ou polysémiques, ou variant d'un poème à l'autre : ainsi la nuit, la mort, le vent, les cloches, l'île, ont des valeurs tantôt positives, tantôt négatives ; Plus tard, à l'époque de *Ferrements*, son langage s'épurera jusqu'au dépouillement et certains poèmes seront transparents comme du cristal, sans jamais toutefois céder à la tentation de nommer, d'expliquer le sens.

Pour en revenir aux *Armes miraculeuses*, si souvent on y trouve son chemin par l'étude des images, de leur fréquence et de leur structuration, il arrive que leurs valeurs soient contradictoires et, dès lors, on en est réduit à tenter de les comprendre par le seul contexte du poème où elles agissent ; ainsi le mot *désastre* qui, dans une majorité de poèmes césairiens, est négatif, sauf dans le poème « Les Oubliettes de la mer et du déluge » où il prend le sens de catastrophe libératrice, que le poète charge ordinairement d'une valeur positive.

Il faudrait pour bien faire, avec ces poèmes surréalistes, « décoder une langue inconnue en confrontant tous les emplois de tous les mots, pour identifier et délimiter le sens de chacun à partir de ses relations avec les autres » (P. Giraud).

A titre d'exemple, on pourrait relever les différents emplois de mots : serpents, soleil, nègre, sexe, arbre, feu, volcan, œil ; ensuite se demander pourquoi ils se trouvent souvent associés ; et tenter de mettre à jour leur fonction essentielle ; cela nous amènerait à découvrir ce qu'ils connotent en commun pour Césaire : *il s'en sert* (c'est cela qui est important) pour agresser le monde agresseur, ce sont pour lui des armes, auxquelles il s'identifie dans ses instants de rage et d'impatience.

Le petit tableau suivant indique un peu le fonctionnement de ces symboles, et aussi pourquoi Césaire s'identifie (ou bien ses héros) au phénix, cet oiseau étrange qui renaît de ses cendres.

Agresseur	Action	agressé	mort	renaissance
le soleil	chasse, brûle	la nuit	se couche	se lève à nouveau
le sexe	viole	la femme	satisfaction	désir renaissant
le nègre	assassine	le blanc	répression	révolution
l'œil	démasque	le réel, le caché	sommeil	réveil
le volcan	explose et détruit	St Pierre, ville	se calme	se réveille
le serpent	pique	l'autre,	perd sa peau	en acquiert une autre
	mord	l'ennemi		
les catastrophes	détruisent	ce monde-ci	destruction	reconstruction
le feu	incendie	les villes	s'éteint	se rallume
l'arbre	troue	le ciel	cycle saisonnier	le bananier qui meurt et renaît en germe neuf.
		le phénix	meurt	renaît de ses cendres

Voici quelques exemples d'images cueillies à travers plusieurs poèmes parus dans *Soleil cou coupé*.

- Soleil serpent œil fascinant mon œil
- Je sens croître le sexe du regard et je vois terriblement je vois

- Soleil, aux gorges !
  noir hurleur noir boucher
   assassin, je t'acquitte au nom du viol
    Ayant violé jusqu'à la transparence le sexe étroit du crépuscule.
- Mon grand désir sauvage nu noir sagace et brun
- Voici les cent pur-sang hennissant du soleil
- Barbare moi le serpent cracheur qui de mes putréfiantes chairs me réveille
- Nuit pourrissoir splendide où de toutes ses forces se ramasse le muscle violet de notre soleil
- Homme sombre qu'habite la volonté du feu
- Grand cheval mon sang mon cheval se cabre dans des putréfactions de chairs à naufrage.

* * *

Faisons à présent un exercice de lecture et d'interprétation de ce petit poème, le plus facile du recueil.

An neuf

Les hommes ont taillé dans leurs tourments une fleur
Qu'ils ont juchée sur les hauts plateaux de leur face
La faim leur fait un dais
Une image se dissout dans leur dernière larme
Ils ont bu jusqu'à l'horreur féroce
     les monstres rythmés par les écumes
En ce temps-là
il y eut une
inoubliable
métamorphose
     les chevaux ruaient un peu de rêve sur leurs sabots
      de gros nuages d'incendie s'arrondirent en champignon
       sur toutes les places publiques
       ce fut une peste merveilleuse
       sur le trottoir les moindres réverbères tournaient leur
         tête de phare

quant à l'avenir anophèle vapeur brûlante il sifflait dans
    les jardins
En ce temps-là
le mot ondée
et le mot sol meuble
le mot arable
et le mot copeaux
conspirèrent pour la première fois
    Des forêts naquirent aux borinages
    et des péniches sur les canaux de l'air
    et du salpêtre rouge des blessés sur le pavé
    il naquit des arums au-delà des fillettes.
Ce fut l'année où les germes de l'homme se choisirent dans l'homme
le tendre pas d'un cœur nouveau.

(in *Soleil cou coupé*)

Voici un poème où Césaire prophétise l'avenir qu'il rêve pour son peuple. Mais il acquiert une valeur universelle qui dépasse le cadre de la seule race noire. Il parle à tous les hommes qui ont souffert en ce monde. – A cette époque (1947) Césaire est au Parti communiste et cet avenir qu'il prophétise passe donc par la Révolution prolétarienne.

La *fleur* que tous les hommes ont *taillée* dans leurs épreuves symbolise l'espoir, bien sûr, tout comme la petite fleur qui se trouve dans la main mutilée du cadavre de *Guernica*, le chef-d'œuvre de Picasso ; espoir qu'ils ont *juché*, comme un drapeau, bien haut sur leur front dressé. Au lieu d'un *dais* de velours, c'est la *faim* qui les recouvre, qui est leur insigne d'apparat.

Cette *image qui se dissout dans leur dernière larme* renvoie sans doute à leur sort douloureux, et qui disparaît peu à peu, car ils sont au bout de leurs peines ; les esclaves noirs en particulier ont bu jusqu'à la lie (*l'horreur féroce*) les mauvais traitements infligés par les négriers (*monstres rythmés par les écumes*).

Mais c'est fini à présent.

Voici la fin de ce monde (*inoubliable métamorphose*), la force des désirs enfin libérée (*chevaux*), les *incendies* qui purifient dans leur feu les corruptions de Sodome (remarquez l'analogie avec le *champignon* atomique, le recueil date de 1947), *l'épidémie merveilleuse* parce qu'elle détruit tout ce qu'il y a à détruire. Chez Césaire, cataclysmes et catastrophes préfigurent toujours cette révolution profonde, nécessaire pour qu'un monde nouveau puisse naître. Aussi déluges, incendies, tremblements de terre ou comme ici *peste merveilleuse* sont des signes positifs, annonciateurs du grand changement (*inoubliable métamorphose*) que les Nègres attendent (et tous les opprimés) pour l'avènement d'une société réconciliée et fraternelle, celle de « la reconnaissance de l'homme par l'homme ».

Les *réverbères* qui tournent leur tête de phare, peuvent représenter ceux qui ont vu clair, les guides des peuples, prophètes ou poètes, qui éclairent encore de leurs conseils la situation la plus troublée. L'avenir est piquant (*anophèle*) et brûlant pour ceux qui ont à le craindre : on l'entend siffler tout proche, tout proche (*dans les jardins*).

En ce temps-là : Césaire reprend la formule du prophète (cf. Evangile, ou Zarathoustra).

Les mots *ondée, sol meuble, aube* et *copeaux* évoquent tous une idée de fraîcheur, de jeunesse, de fragilité tendre, qui préside à la naissance. Plus particulièrement l'ondée dans le sol meuble favorise la naissance de la plante, l'aube est la naissance du jour et les copeaux le signe d'un bois nouvellement taillé.

Des forêts naquirent aux borinages : le Borinage est une région en Belgique célèbre pour l'extraction de la houille. Par extension, on appelle borinage toute région où l'on exploite des mines de charbon.

Mais le charbon lui-même provient des anciennes forêts qui recouvraient jadis l'Europe, d'où la portée de l'image qui fait retourner les borinages à leur état premier, pur et libre, de forêts (cf. chez Prévert : la craie redevient falaise, le pupitre redevient arbre et la plume redevient oiseau : même idée de retour à l'origine, à laquelle participe toute la nature).

- Les *péniches naissent sur les canaux de l'air* (l'imagination du poète est aussi libérée) : dans le monde nouveau, quel miracle sera donc impossible ? Y aura-t-il de nouveaux navires pour explorer de nouvelles routes ?

Et du salpêtre rouge des blessés sur le pavé il naquit des arums au-delà des fillettes : de la poudre explosive qu'est le sang des blessés (qui sont tombés pour la révolution) naîtront arums (fleurs blanches) et fillettes, symboles de pureté, d'enfance et d'espérance.

Ce fut l'année, (celle de la métamorphose ici décrite), celle de l'an neuf, *où les germes de l'homme se choisirent dans l'homme le tendre pas d'un cœur nouveau.* Formule assez étrange que l'on comprend d'emblée cependant avant de l'avoir analysée ! Essayons pourtant de mieux la pénétrer :

- *les germes de l'homme* : encore l'idée de naissance et aussi de ce que l'homme a d'essentiel, sa semence : ces germes vont se choisir dans l'homme (par une mystérieuse sélection naturelle), *le tendre pas* indique la voie, le chemin ; tendre car toujours associé à la naissance, à l'enfance, *d'un cœur nouveau*, car l'homme, comme le monde et comme l'amour, est à réinventer (cf. Rimbaud).

Ceci n'est qu'une première « traduction », très littérale, mais qui vous permet d'accéder au sens de ce poème qui se présente comme un spectacle, comme un tableau si précis, qu'un peintre pourrait le reporter en couleurs sur sa toile. Surréaliste bien sûr.[24]

---

[24] Paru partiellement in *Aimé Césaire, l'homme et l'œuvre*, en coll. avec B. Kotchy. Éd. St Paul et Présence africaine.

Alchimie d'un poème[25]

Nous avons choisi d'intituler notre communication afin d'illustrer le titre du colloque, de même que celui de cette séance. Rassurez-vous, je ne me lance point dans une exégèse de texte fastidieuse pour les collègues ; il s'agit seulement d'attirer l'attention sur les éléments disparates qui entrent dans l'Athanor du poète, pour en ressortir fondus, transmués, dans l'or du poème.

Il arrive que ces éléments soient encore et immédiatement identifiables, et jouent un peu le rôle des collages dans les tableaux cubistes ou dans les textes d'Apollinaire ; mais plus souvent ils sont complètement intégrés, réorganisés, voire si discrets qu'on ne les discerne plus qu'au niveau des connotations.

Nous prendrons comme exemple, un poème que vous connaissez bien : *Ex-voto pour un naufrage,* extrait de *Soleil cou coupé* 1948, et que nous reproduisons à la suite de ce commentaire.

***

Le thème, le lexique, la syntaxe de ce poème sont extrêmement simples, c'est un des textes les plus transparents de Césaire si l'on songe à ses significations. Sur le mode du chant de griot, ou de l'esclave, qui précède le cortège d'un roi nègre, le poète évoque, avec ironie d'abord, puis sur un ton plus grave, la situation sud-africaine ; car ici le roi est le Blanc.

Le tam-tam qui rythme et accompagne le chant devient ici, en plus, actant et en même temps symbole de la parole des Noirs, éternellement énigmatique pour les étrangers.

Car ce tam-tam africain parle en effet et très concrète-ment, il émet des messages précis, voire articulés, que l'on se transmet de village en village, c'était un phénomène que redoutait l'autorité coloniale. C'est en se fondant sur cette réalité implicite de la culture africaine que Césaire dévelop-pera son « tam-tam parlant ».

Les premiers vers renvoient aux usages des contremaîtres blancs qui fouillent les ouvriers au sortir des mines, pour voir s'ils ne cachent point de pierres précieuses dans l'anus ou la bouche : certains les avalaient.

---

[25] In *Aimé Césaire ou l'Athanor d'un alchimiste.* Editions Caribéennes ACCT – Paris 1987 – *Colloque sur Aimé Césaire.*

Le rire nègre dissimule l'humiliation ou la douleur... rien de spécial, c'est classique dans la poésie de la négritude.

Mais déjà ce roi, porté sur litière et protégé par le parasol, renvoie aux croquis d'explorateurs portés *en tipoy* par deux porteurs indigènes ; Césaire a feuilleté pas mal d'ouvrages de voyages et d'ethnologie, et entre autres le *Voyage au Congo* de Gide.

Puis soudain cette image tirée tout droit de ses souvenirs scolaires et qui n'a plus rien à voir avec l'Afrique : *Les écrouelles du roi* ; en effet, les rois de France avaient la réputation de guérir les écrouelles par simple attouchement. Lors des sorties du roi, les malades tentaient ainsi de l'effleurer. Or Césaire écrit non pas « je touche » mais « je porte les écrouelles du roi » ce qui prend un tout autre sens. Nous y reviendrons plus loin.

Car déjà le poète amorce une série de métaphores plus personnelles relatives à son enfance (*la bille qui roule),* aux soubassements géologiques des souffrances passées (*le charbon des affres majeures*), à l'inconscient informulé (*lourds désirs sans vocables*), à une Afrique dépossédée (*lion sans crinière*).

Les trois âmes du poète réfèrent aux croyances des Caraïbes ; ces Indiens habitant les Antilles au moment de la conquête, étaient persuadés de posséder trois âmes, et Césaire, comme Damas du reste, revendique cette ascendance indienne, bien qu'elle n'ait aucun fondement dans ses traditions familiales.

Plus subtiles sont les images suivantes où le poète localise ces âmes selon, me semble-t-il, trois civilisations : le *cerveau* pour l'Europe, le *cœur* pour l'Indien, cependant que *le foie* est traditionnellement le siège de la force vitale dans maintes ethnies africaines.

Le vers suivant passe brusquement à un autre registre et parle de « *demeure de vent d'étoiles sur le roc foudroyé de ma tête* » ; mais n'est-ce pas cette image du foie qui a provoqué celle, implicite, de Prométhée enchaîné sur son rocher, exposé aux intempéries certes, mais aussi à l'illumination des astres lointains ? – Césaire est très sensible à ce mythe et le reprendra dans d'autres textes.

L'image éclatée en jeu de mots, du *Cap de Bonne Espérance*, est tirée des récits sur Vasco de Gama et autres conquistadors qui affrontaient le Cap des Tempêtes dont le proverbial mauvais temps faisait la terreur des explorateurs de la Renaissance. C'est la même idée qui rebondit en finale du poème pour lui donner son message définitif : tempête entraîne naufrage au sens propre comme au sens figuré : naufrage du voyageur, naufrage des galères, naufrage du colon, de la domination coloniale : et voilà pourquoi le tam-tam rit !

Mais avant ces rires *de requin et de scorpion* (qui piquent, qui tuent) nous avons encore quelques ingrédients à découvrir dans l'alchimie césairienne.

Après Chaka et son rôle mythique qui renvoie à l'histoire des Zoulous, on s'attendait à voir déferler la cavalerie célèbre du fils du tonnerre ; mais ces cavales en rut en convulsion de *mauvais sang*, ne sont-elles pas plus proches de Rimbaud qui associait lui aussi révolte nègre et mauvais sang ? Georges Ngal a suffisamment repéré les images de Césaire issues de la poésie rimbaldienne.

Et si «*les pourritures des caravelles*» surgissent directement de l'univers de la traite transocéanienne, d'où viennent ces «*pierres lumineuses, cette espérance veuve de dragon, cette flamme dans le donjon*» sinon du roman médiéval, de la quête du Graal, de la princesse enfermée dans la tour ? Quant aux Nègres enfermés, eux, dans leurs camps de travail, occultés par leurs maîtres, ils sont bien vivants, jamais soumis... « *riez donc tams-tams de Cafrerie* [26] ».

Je rappelle que ce poème ancien est étrangement prophétique. Il date de 1948.

Mais encore un mot, car l'Athanor n'a pas fini de broyer les matériaux accourus de toutes parts, telle la limaille de fer rassemblée par l'aimant !

Riez comme le beau point d'interrogation du scorpion... Très souvent chez Césaire nous retrouvons ces formes qui furent maintes fois pratiquées comme exercices d'écriture automatique par les surréalistes en chasse du « stupéfiant image » (Breton).

Ainsi l'on rencontre, dans leurs revues et leurs poèmes, des textes entièrement bâtis sur la répétition d'une même expression anaphore. Reverdy, Soupault, Eluard ont construit des poèmes de cette manière en répétant les formules, « *à petits coups de* », « *que voulez-vous* », et aussi « *beau comme* », le vers le plus connu étant, rappelez-vous, « beau comme une machine à coudre sur une table d'opération ».

De même chez Eluard comme chez Prévert, on reconnaît l'image plus d'une fois réinventée par Césaire, d'écrire ou de dessiner une idée, un sentiment « sur le tableau du ciel », « sur la carte voyageuse du pollen ».

---

[26] Pays des Cafres – de Kafir en arabe signifiant païen. Chez Césaire par dérision le mot prend des connotations péjoratives, il s'en sert comme d'une provocation, de même que cannibales, nègrerie, etc.

... sur mon pupitre et les arbres
... sur la vitre des surprises
... sur les murs de mon ennemi
... j'écris ton nom Liberté (Eluard)

Ainsi, en récapitulant ce poème choisi à dessein pour sa simplicité, en y traquant ce que d'aucuns appelleraient les « réminiscences » tant littéraires que culturelles du poète, on pourrait être surpris d'en découvrir tant (et certes il en est d'autres plus « fondues » et que nous n'avons pu identifier) sur un si bref espace et sur un sujet si purement africain.

Mais ce qui aurait pu, chez un autre, rester un puzzle d'emprunts hétéroclites, est porté ici à un degré de si haute incandescence, et les matériaux disparates s'embrasent et s'intègrent si bien, que l'on n'en ressent guère plus les origines multiples.

Transmués ! Entre autres par un rythme extraordinaire que ponctuent les mots répétés à l'initiale des vers : *je porte, tam-tam, roulez, roi, riez...* Resculptés dans des images stupéfiantes, vraiment, comme *cette espérance veuve de dragon*, comme *ce roc foudroyé de ma tête noire*, comme *ces cavales en rut saisies de mauvais sang...* le tout investi dans un réseau de flashes illuminant le poème de cet éclat propre à l'écriture césairienne.

Or ceci n'est qu'un infime exemple de l'alchimie du poète. Pas d'hellénisme, pas de latinisme, pas de références aux mythes bibliques ou égyptiens, comme dans le superbe « *Dit d'errance* », pas de souvenir d'Haïti, du Cuba, du Brésil, pas de trace de Mallarmé ou d'Apollinaire comme dans *Présences* ou *Très haut trouvé sourire perdu*, et j'en oublie... Il y a une thèse à faire sur ce sujet non épuisé, non inventorié des sources (conscientes ou non) d'inspiration de notre poète. Et une autre thèse sans doute sur la, les façons très spécifiques qu'il a de s'en servir, à ses fins propres.

Car « *je porte les écrouelles du roi* » (j'y reviens) il fallait le faire ! En effet dans la situation où Césaire l'utilise (roi blanc dominant le Noir) le roi ne guérit plus guère les écrouelles, il en donnerait plutôt ! il n'est plus roi de droit divin, roi-sacré, roi-guérisseur, mais au contraire c'est lui qui est purulent des abcès (moraux) de l'oppression qu'il fait peser sur l'esclave, c'est lui le malade, l'infecté de l'esprit... et l'esclave le supporte, le porte, le transporte, mais tout en le sachant déjà condamné à mort (car on en mourait, des écrouelles), condamné à terme. Voilà pourquoi le tam-tam rit.

Ce fut – c'est parfois encore – un débat d'étudiants, voire de professeurs, que de décider si Césaire est un auteur antillais, afro-américain, africain ou français. Où placer Césaire dans un éventail de littératures nationales ? Plusieurs critiques l'évacuent des répertoires de littérature africaine (Nantet, Meyrand), d'autres l'y intègrent (Kotchy, Médéhouan, Ambroise Korn) ; cependant que la France se l'approprie.

Remarquons que Césaire lui-même ne se pose pas ce problème ; il a écrit au contraire « je ne suis d'aucune nationalité prévue par les chancelleries » ; il est vrai que, poétiquement, il se situe d'emblée hors des nationalités, a fortiori hors des régionalismes, mais dans une perspective universelle ; qu'il prétend sans vergogne, comme le faisait déjà Fanon, à l'héritage de toutes les civilisations.

Il est exactement, comme le poète du *Cahier*, ouvert à toutes les confluences, bien que « bêcheur de cette unique race ». Cela, il y tient « nègre depuis le fond du ciel immémorial ».

Mais il est déjà avec quelques autres encore rares (Walt Whitman, Cendrars, Neruda, Senghor, Maïakovski) de cette race de poètes branchés sur la planète, sur le cosmos. Voilà pourquoi Césaire n'a jamais admis nulle frontière à l'esprit, à ses trois âmes, nulle limite au savoir, nulle borne à l'inspiration, la poésie étant pour lui et par essence, le lieu miraculeux où s'accomplit sa liberté totale.

Ex-voto pour un naufrage

Hélé helélé le Roi est un grand roi
que sa majesté daigne regarder dans mon anus pour voir s'il contient des diamants
que sa majesté daigne explorer ma bouche pour voir combien elle contient de
carats
tam-tam ris
tam-tam ris
je porte la litière du roi
j'étends le tapis du roi
je porte les écrouelles du roi
je suis le parasol du roi
riez riez tam-tams des kraals
tam-tams des mines qui riez sous cape
tam-tams sacrés qui riez à la barbe des missionnaires de vos
dents de rat et d'hyène
tam-tams de la forêt
tam-tams du désert
tam-tam pleure
tam-tam pleure
brûlé jusqu'aux fougueux silences de nos pleurs sans rivage et roulez
roulez bas rien qu'un temps de bille
le pur temps de charbon de nos longues affres majeures
roulez roulez lourds délires sans vocables
lions roux sans crinière
tam-tams qui protégez mes trois âmes mon cerveau mon cœur mon foie
tam-tams durs qui très haut maintenez ma demeure
de vent d'étoiles
sur le roc foudroyé de ma tête noire
et toi tam-tam frère pour qui il m'arrive de garder tout le long du jour un mot tour
à tour chaud et frais dans ma bouche comme le goût peu connu de la vengeance
tam-tams de Kalaari

tam-tams de Bonne Espérance qui coiffez le cap de vos menaces
O tam-tam de Zululand
Tam-tam de Chaka
tam, tam, tam
tam, tam, tam
Roi nos montagnes sont des cavales en rut saisies en pleine convulsion de mauvais sang
Roi nos plaines sont des rivières qu'impatientent les fournitures de pourritures
montées de la mer et de vos caravelles
Roi nos pierres sont nos lampes ardentes d'une espérance veuve de dragon
flamme trop grosse pour notre cœur trop faible
Roi nos arbres sont la forme déployée que prend un donjon
Riez riez tam-tams de Cafrerie
comme le beau point d'interrogation du scorpion
dessiné au pollen sur le tableau du ciel et de nos cervelles à minuit
comme un frisson de reptile marin charmé par la pensée du mauvais temps
du petit rire renversé de la mer dans les hublots très beaux du naufrage

(*Soleil cou coupé* – Paris 1948, K. éditeur)

La quête d'un poète et le socle du ressentiment[27]

Il devient périlleux, après tant d'études multinationales sur Césaire et son œuvre, après tant de livres spéculant sur sa poésie comme son théâtre, après 5 ou 6 Colloques sur Césaire et autant de numéros spéciaux consacrés à Césaire, le dernier de *Présence africaine* étant en cours, il devient périlleux, dis-je d'ajouter à tant de gloses ce qui n'en serait qu'une de plus, pour les besoins de ce Colloque d'amis réunis autour d'un anniversaire.

On a évidemment toujours le choix, l'œuvre étant inépuisable, de moduler des arabesques interprétatives autour d'un poème jusqu'ici intouché par les termites critiques ; ou bien encore de se lancer dans un thème plus général et actuel : Césaire et la Francophonie, Césaire et la Créolité, Césaire et l'Afropessimisme ; et pourquoi pas Césaire et la Bosnie Herzégovine, Césaire et le droit d'ingérence de l'ONU, Césaire et l'action humanitaire, Césaire et l'Afrique du Sud ? Dans ces derniers cas on pourrait avoir recours au moyen commode de l'interview, ce qui est évidemment la manière la plus rapide de faire de la critique littéraire.

* * *

Il reste encore, comme on voit, pas mal de sujets à donner à traiter concernant ce bon élève de Normale Supérieure. Il suffit d'y penser, comme l'œuf de Colomb.

Cependant il est tout aussi périlleux d'emprunter ces expédients et de se substituer aux journalistes dont c'est le métier.

Aussi me résoudrai-je à chercher une troisième voie.

En de telles circonstances on souhaite dire quelque chose d'important, sinon de très neuf, un peu comme le point d'orgue à de longues années d'interrogations des textes ponctuant une recherche, non exclusive il est vrai, mais qui aura duré trente-cinq ans, puisque ma rencontre avec l'œuvre de Césaire date de 1958, et qu'il a grandement

---

[27] Œuvres et Critiques XIX, 2 (1994) éd. J.M. PLACE – Colloque pour le 80ième anniversaire du poète à Fort-de-France.

assisté l'étudiante que j'étais dans le défrichement/déchiffrement de la forêt alors très vierge de ses poèmes !

Non point donc une synthèse de sa démarche existentielle et poétique, mais quelque chose qui soulignerait une étape essentielle de son itinéraire. Ou peut-être même son fondement.

* * *

La quête d'un poète, avions-nous suggéré. Mais tout poète n'est-il pas par excellence homme de désir ? Et d'autre part comment réduire l'élan césairien à une quête unique ? Il y en a mille, conscientes ou inconscientes : quête de la liberté, quête de la dignité, quête de la fraternité, quête de la beauté, quête de l'amour, quête de soi et quête métaphysique, cette poésie témoigne d'une énorme soif de tout, d'une faim cannibale (pour reprendre le *Cahier* à partir de ce paramètre de la dévoration, voir l'étude de Lilian Pestre de Almeida).

Il nous faut donc choisir dans les mouvements de ce désir, que le poète impulse à ces marées d'images, et dont la vague violente frappe à périodes irrégulières notre indifférence, et toujours nous surprend, toujours nous prend à la gorge.

Et tenter de saisir quelque aspect plus intime, une pulsion/passion qu'on a peut-être moins identifiée, masquée qu'elle fut par les grands objectifs de la négritude.

On a déjà tout dit sur l'humanisme césairien, sur l'amour tyrannique de sa race. On a tout dit aussi sur sa révolte et son exigence de restauration du statut du Nègre, de l'esclave, du colonisé : on a insisté entre autres sur le rôle christique que Césaire fait jouer au Rebelle, à Metellus, à Christophe, à Lumumba, dévoués jusqu'à l'oblation à la cause de leur peuple :

« Mieux vaut la mort que l'humiliation et l'injustice » crie encore Caliban, le plus émancipé de ses porte-parole et aussi le plus insolent. Et l'on a pu s'étonner de cette négation sommaire, primaire, totale, après les superbes tirades du *Cahier* ou de certains textes de *Ferrements* où le poète proposait un monde réconcilié : « et le vent de confidence et les étoiles de connivence ».

On a oublié ou feint d'oublier un sentiment jugé vilain mais d'une force incoercible. Car entre la rage froide de Caliban et l'insurrection des esclaves du *Cahier* qui se dressaient,

inattendument debout
debout dans la cale
debout sur le pont
debout dans les cordages
debout dans le sang
debout et libre,

il y a trente-cinq ans de ressentiment.

Entre 1936 et 1970 dis-je, Césaire aura exprimé de façon très soutenue une haine coriace et tenace. Certes le *Cahier* l'avait retenue au bord des lèvres dans un geste du cœur plein de mansuétude :

ne faites point de moi cet homme de haine
pour qui je n'ai que haine... etc.
mais faites de moi un homme d'initiation, d'ensemencement, etc.

Mais le supplicié des *Chiens* lui, avoue tout net à ses bourreaux :

je te hais. Je vous hais et ma haine ne mourra point.

Comme un écho, Caliban, quelque vingt ans plus tard, crachera à Prospero son maître :

Et moi je te hais...
et je sais qu'un jour mon poing nu,
mon seul poing nu suffira pour écraser ton monde.

Cette hostilité viscérale, si l'on y réfléchit bien, constitue peut-être le socle et le ressort principal de la poésie césairienne. Elle se confond avec l'empreinte du carcan que le poète a intériorisée d'une façon absolue. Et que ravive chaque étape de l'histoire, chaque lieu de cette planète où un Nègre est brimé par un Blanc. Elle a un côté radical.

Mon nom : offensé ; mon prénom : humilié ; mon état : révolté ; mon âge : l'âge de pierre.

Même si le poète fait remarquer qu'elle n'est que *l'envers de l'amour*, comme dans ce passage des **Chiens** où la mère accuse le Rebelle :

« *pour avoir trop haï...*

Et il la reprend :

Pour avoir trop aimé ! »

Et il est vrai que très souvent, ses explosions n'ont lieu qu'après l'évocation du sort de la victime à laquelle son héros s'identifie :

Le monde ne m'épargne pas... il n'y a pas dans le monde un pauvre type
lynché, un pauvre homme torturé, en qui je ne sois assassiné et humilié.

Qui peut oublier ces paroles qui ont fait le tour du monde ? C'est Osiris coupé en 14 morceaux, c'est Gandhi, c'est le Christ. A une différence près : l'amour pour le bourreau, ça, jamais :
« *O mes yeux sans pardon* » dit encore le Rebelle.
Et sa mère :
« *cœur plein de combat, cœur sans lait... j'ai peur de la balle de tes mots* »

Il est vrai que cette violence verbale est porteuse de meurtre, du besoin profond de tuer qui est effectivement réalisé dans ce poème dramatique, et que le héros relate avec une volupté évidente, au grand scandale des autres protagonistes.
La mère dit encore : « ce ne sont pas des mots humains », en quoi elle se trompe ; la haine et la soif de vengeance sont sentiments d'homme et universellement partagés. Parfaitement compréhensibles. C'est l'amour de la victime pour le bourreau qui est surhumain, et c'est pourquoi on a fait du Christ un Dieu « pardonnez-leur car ils ne savent pas ce qu'ils font ».
Le héros césairien en réalité relève davantage du bouc émissaire, mieux, de l'holocauste au sens africain du terme (ou juif). Sa mort est le prix de la liberté de son peuple, il est en somme le Récadère[28] que les vivants envoient chez les dieux pour obtenir la fin de leur défaveur. Mais

---

[28] Voir les rites vaudou dans l'ancien Dahomey. Et aussi un roman étrange écrit par Georges Seigneur, *le Récadère*, éd. La pensée universelle – 1984.

ne lui demandez pas d'aimer en plus, d'aimer l'Ennemi, le Maître, le Négrier ! le poète Césaire n'est pas récupérable par les bons chrétiens[29].

Mais autour de cette haine foncière, il a bien entendu développé d'innombrables métaphores.

Il la dissimule sous un serpent cracheur symbolique « jurant toute la forêt ramassée en anneaux de cris violents » ou sous le masque plus abstrait de ses « années convulsées peintes en feu » ; il annonce « mon aube a pété sous la gueule ses fracas de midi et de goélands » ou plus clairement il prophétise l'arrivée du « cataclysme à tête de scalp ».

Il convoque enfin d'étonnants légionnaires pour les opposer aux chiens blancs garde-chiourme et leurs noirs acolytes, dans un dernier face à face mortel :

mes frères les marrons le mors aux dents
mon frère le baiser de sang la tête coupée au plat
                                      d'argent
ma sœur l'épizootie et ma sœur l'épilepsie
mon ami le milan
mon ami l'incendie
mon frère le volcan aux panses de pistolet
mon frère le précipice sans rampes de balisiers

Il rassemble sur ce thème un véritable lexique de l'agression ; tout un arsenal de sagaies, de flèches, de lances ; de couteaux de jet, de poignards, de haches et de machettes, de coutelas tirés des villages de l'ancienne Afrique, mais aussi de la campagne antillaise, où le paysan ne songe pas « qu'il pourrait couper tout, tout autre chose que la canne insipide » !

Il y ajoute la dynamite, les coups de grisou, le salpêtre, et toutes espèces de pétoires dont le pistolet et le peloton d'exécution pour lesquels il marque une préférence certaine, peut-être pour la précision de leur tir.

Les armes n'y suffisant pas le poète appelle à la rescousse toutes bêtes piquantes et mordantes : « à dard, à fièvre, à venin » contre l'Ennemi commun (*Une Tempête*) : des scorpions aux scolopendres, des requins aux piranhas, des murènes aux anolis, des guêpes aux moustiques, des fourmis-manian aux mygales, des vipères à l'anaconda, du bothrop au trigonocéphale, et j'en passe.

---

[29] L'Homme l'est peut-être.

A ce propos, il est intéressant de voir comment les serpents, base de tous les mythes de prospérité en Afrique, se voient appropriés par Césaire comme symboles personnels pour leur seul pouvoir d'agression : « C'est l'unique animal dangereux aux Antilles. » Avec réminiscence sans doute du serpent édénique qui fit échec aux projets de Jéhovah « et ta langue bifide que ma pureté révère, Révolte ».

« Ce pays mord » dit-il encore, et cela est sans doute plus évident que les spéculations sur le cannibalisme du poète « Vous ne partirez pas que vous n'ayez senti la morsure de mes mots sur vos âmes imbéciles ». Caliban mord ferme aussi et toutes les sales bêtes de l'île lui sont amies, et aussi la Mer dont il convoque la « gifle hystérique », car toute la nature est conviée à participer à cette lutte sans merci.

De toute la poésie mondiale voici bien l'œuvre qui offre l'inventaire le plus complet des catastrophes naturelles.

Le poète les manipule de son verbe magique : secousses sismiques, raz-de-marée, cyclones et déluges, incendies et éruptions, tout est bon pour accélérer « la débâcle crépitante des villes interdites frappées de la colère de Dieu ». Avec toujours en contrepoint intertextuel les réminiscences bibliques, Ô Sodome et Gomorrhe !

Mais c'est bien de la colère césairienne qu'il s'agit et qui prend alors des dimensions apocalyptiques, « Je ne joue jamais si ce n'est à l'an mil ! ».

Ainsi de livre en livre on retrouve le ressentiment intact du poète, son « cri armé », son « langage de cape et d'épée ». On a détaillé à l'infini les phases de son combat. Ce n'est pas un combat. C'est la guerre de cent ans :

Afrique j'ai de la frénésie cachée sous les feuilles à ma suffisance
je tiens à l'abri des cœurs à flanc de furie
la clé des perturbations
et tout à détruire...
inutile de me contredire
je n'entends rien
rien que des catastrophes qui montent à la relève des villes.

Pour une telle entreprise, il faut du coffre, une haine qui ait du souffle et de l'envergure ! et qui fut pudiquement voilée sous le terme plus acceptable de combat révolutionnaire.

On peut s'interroger sur l'origine d'une aversion si intense. Quand et comment s'est-elle ainsi cristallisée ? A partir du malaise sans doute assez généralement répandu des étudiants martiniquais des années 30 ? De quoi se compose-t-elle ? en dehors du nœud dialectique : blanc/noir – maître/esclave – oppresseur/opprimé ? (« *nœud sur nœud* »)

Ne s'y ajoute-t-il pas – en l'aggravant – la fascination d'une force intellectuelle et technique qui, qu'on le veuille ou non, a imprimé sa forme sur l'esprit, la culture, l'expression même du colonisé ? Relire Memmi et Fanon[30].

Et quand Damas s'insurge *contre ceux qui ont cambriolé l'espace qui était mien* et l'obligent à jeter son banjo pour le violon et son créole pour « le français français », Césaire en appelle aux Dieux d'Afrique, Eshu, Shango, pour incarner son refus. Mais aussi aux mythes grecs : Persée, Prométhée.

Or Persée tranche la tête de Méduse, mortelle séductrice de celui qui croise son regard. La tuer est d'autant plus nécessaire qu'elle attire. La civilisation occidentale aussi. Comment en effet s'en éprendre, la prendre et s'en défendre ? Dilemme inextricable où se débattent toujours des millions de colonisés en Amérique, en Afrique, en Asie.

Quant à Prométhée cloué sur son rocher pour avoir dérobé le feu du dieu Vulcain, n'est-ce point un symbole analogue de ce mouvement d'attraction-répulsion : l'être inférieur a voulu ravir le feu et le secret de la forge, pour la transformation de son monde terrestre. Il a tenté de renverser le rapport de force qui le soumettait à l'Olympe, tout en conservant la clef, l'outil efficace de sa puissance. Et le vautour qui ronge le foie du Prométhée noir n'est que son propre désespoir de n'avoir qu'à moitié réussi. Et qui rejoint quelque part le désespoir de l'homme face à son destin, à la cruauté fondamentale de l'Univers.

C'est de tout cela qu'est battu le béton armé du ressentiment césairien. Socle solide pour une vie de terroriste.

Or, pauvre Césaire, coincé dans un rôle d'universitaire civilisé, stylé, député, départementalisé, que voulez-vous qu'il fît ? Qu'il mourût ?

Il va donc se couper en deux. Le député-maire sera... ce que les Antillais attendent de lui. Eux qui ne voulaient ni guerre, ni cataclysmes,

---

[30] Certains suggèrent même le meurtre du « père » blanc, pour expliquer l'agressivité nègre : V.Y. Mudimbe et A. Gounongbé.

mais plus de villes, plus de confort, plus de consommation, il sera leur maire, leur bon père, leur papa Césaire.

Pour explorer cet aspect « côté cour » de Césaire, il suffit de lire les témoignages objectifs s'il en est, car non susceptibles d'un excès de sympathie, de Patrick Chamoiseau dans son roman *Texaco*. On y voit la joie du peuple des bidonvilles quand le futur maire vint vers eux, sans hésiter à marcher dans la boue :

> Il nous portait l'espoir d'être autre chose. De voir ce petit-nègre, si haut, si puissant, avec tant de savoirs, tant de paroles, qui nous renvoyait une image enthousiasmante de nous-mêmes. Nous avions désormais le sentiment que nous pouvions nous en sortir et conquérir l'En-ville. Quand il nous demanda de voter pour lui, nous votâmes comme un seul homme et nous le mîmes à la mairie, d'où jamais, et jusqu'à ce que je sois morte, et mes os en trompette, nul ne pourra jamais le décrocher.

Car, en effet, il s'agissait de conquérir l'En-ville. Lisons encore *Texaco*, pour comprendre les aspirations précises de son électorat :

> L'En-ville tout près c'est comme l'arbre à pain aux côtés de la case. Avoir Sécurité Sociale, quêter les chances d'être fonctionnaire, les affaires d'école pour sauver la marmaille, circuler dans les lots de guichets où s'initier aux clefs d'une vie qui se complique – était là plus facile.

> L'En-ville était le socle des raretés qui bonifiaient la vie, car, à beau dire, beau faire, la vie est faite pour être vécue, et donc : les magasins-syriens, les toiles-tergal, les coiffeurs, les lumières, les sociétés, les marchandises d'En-France qu'aucune pacotilleuse ne ramenait des îles, nous attiraient mieux que des bancs de mulets par le foie écrasé du requin.

La bonté de Césaire, sa présence effective dès que les bas-quartiers subissaient un sinistre ou une répression, sa recherche de solutions efficaces, comme la création de Trennelle ou le maintien de Texaco contre les intérêts du Béké revendiquant l'exclusivité du site, tout cela est reconnu et sonne juste.

Ce sont de tels romans qu'il faut parcourir pour comprendre l'épaisseur des problèmes antillais, et ils révèlent la complexité des forces en présence. Le Césaire qu'on y rencontre est bien socialisé, un politicien sincère et populaire.

Mais ce n'est qu'une partie de l'homme, celle que nous connaissons dans la rue ou la campagne quand les gens l'abordent : « ma face tendre d'anses fragiles » dit-il dans *Ferrements*.

L'autre face étant celle du volcan, Krakatoa, ou Montagne Pelée – autre métaphore de cette rage irrépressible[31], qui ne pourra décidément s'investir que dans le langage, en éclats de colère, en quête de vengeance éternellement inassouvie ; car cette vengeance est concrètement impraticable ; car l'homme est moralement ligoté par une belle conscience humaniste, fruit d'une éducation chrétienne, d'études gréco-latines, d'idéologie marxiste, et de démocratie socialiste. Fruit parfait.

Hormis la poésie, où se déverse tout ce qui n'a pas pu trouver place ou forme dans la vie concrète du député-maire. Le principe des vases communicants en somme. Le seul lieu où il puisse expulser, purger, clamer ses visions irréparables, nommer son tourment secret, c'est la poésie.

Il faut bien que quelque part se réalise le « *grand Nègre du matin, le violeur de crépuscule* ». Celui qui peut frapper, insulter, maudire, anéantir.

Il n'est décidément pas surprenant que la France n'ait jamais fait entièrement confiance à ce parlementaire ; respectable et courtois, certes, mais qui écrit des choses si épouvantables !

le fleuve de couleuvres que j'appelle mes veines
le fleuve de créneaux que j'appelle mon sang
le fleuve de sagaies que les hommes appellent mon
                                                              visage
frappera le roc artésien d'un cent d'étoiles à mousson.

Bien sûr c'est du surréalisme, il n'y a rien à comprendre, mais tout de même c'est inquiétant de rencontrer dans les bourgeoises éditions Gallimard ce :

noir hurleur noir boucher noir corsaire

---

[31] Voir P. Brunel dans *Mythocritiques* (PUF 1992) et le passage sur le mythe du volcan chez Césaire.

Et de voir ainsi « l'assassin acquitté au nom du St-Esprit » et brandissant comme un drapeau « l'épais crachat des siècles mûri en 300 ans ». Trois cents ans durant lesquels on extermina – c'est vrai ? – « cette race de terre, race par terre »[32].

Et puis ne profère-t-il pas des paroles de menace : « belle comme la mémoire dessaisie d'oubli frais, la vengeance s'est dressée avec l'oreille du jour » - Que veut-il ? Que cherche-t-il ? Ne leur a-t-on pas donné ce qu'ils voulaient ? Ce n'est donc pas assez ? Ecoutez-le :

Trop tard je n'y suis pour personne...
Ne franchirons-nous pas le porche des perditions ?
je n'ai rien à craindre je suis d'avant Adam
je ne relève ni du même lion ni du même arbre
je suis d'un autre chaud et d'un autre froid.

Brrr ! À ne pas mettre au programme des écoles. Pire que Boris Vian ou Artaud.

Mais enfin c'était il y a longtemps direz-vous. Depuis le poète s'est calmé. L'amertume bien souvent a recouvert la haine, l'angoisse et la nostalgie ont pris la place des grandes colères. Certes *l'âge et son péage...*

Cependant en feuilletant *Moi Laminaire*[33] on ne peut s'empêcher de remarquer que ses blessures sont toujours bien ouvertes ; et que s'il a décidé d'y habiter, d'y faire son gîte, sa *querencia*, c'est bien parce qu'il refuse d'oublier. Et refuser d'oublier l'offense, c'est refuser de pardonner à l'offenseur.

Au tribunal du *Rebelle,* l'on ne condamne plus à mort, mais à perpétuité. Il faut s'y faire. Pas d'absolution. Encore moins tendra-t-il l'autre joue.

Au maximum s'est-t-il pensé, vécu, à l'instar de l'Afrique comme « *une main ouverte à toutes les mains blessées du monde* ». Je ne sais trop s'il croit encore aujourd'hui à cette faim universelle, à cette fraternité universelle « qui ne saurait manquer de venir quoique malhabile »...

---

[32] Lire les articles de Louise Marie Diop sur le dépeuplement de l'Afrique noire dans le bulletin IFAN et revue *Tyanaba* (Fort-de-France).

[33] Voir « Calendrier lagunaire », « Crevasses », « Conspiration », « Passages », « Ibisanubis », etc.

Tant pis. – Ne regrettons pas une rancune si rare, gravée dans la dureté du silex (*Fanon guerrier silex* !), cette pierre qui servait à la confection des armes du néolithique, et qui permit à l'homme des cavernes de se battre contre les ours, les loups, les aurochs. Elle lui aura permis de développer cette philosophie de l'obstacle, cette idéologie du combat, qui fonde toute son œuvre.

Et il est fort à craindre que le jour où le silex ne frappera plus, le volcan intérieur ne grondera plus, nous lançant à la tête son « *arbre de souffre et de lave* », la négation de son « visage *de steppe et de toundra* », sa « *bouche ignivome* », eh ! bien le poète cessera d'écrire.

Et il ne nous restera qu'un vieux monsieur un peu triste méditant comme l'ecclésiaste sur la *vanitas vanitatis* d'un monde qu'il aura renoncé à transformer.

Mais qui saurait arrêter ses poèmes poursuivant leur aventure de lance-flammes ? allumant d'autres insurrections et d'autres poètes ? David Diop, Maunick, Tchikaya, Boukman, Philombe, Titinga, en d'autres temps, Corbin, Monchoachi, Kadima, Frankétienne, Nokan, Zadi, Kaïredine, d'Almeida, Ebony, en d'autres lieux, Zaïre, Brésil, Bolivie, Soudan, Angola, Somalie, partout où sont écrasés les droits du Nègre, violés les droits de l'Homme ?

Nul ne bâillonnera plus les enfants de Caliban.

Interview de Césaire à l'université Laval

Extrait de la Conférence de presse de Monsieur Aimé Césaire à l'université Laval, Québec, le 10 avril 1972.
M. Tétu, chef du département de Français, interroge Monsieur Césaire sur la création du *Cahier d'un retour au pays natal*.

Aimé Césaire
Cela ne s'appelle pas *Ferrements*, cela ne s'appelle pas un exercice, mais quelque chose qui se veut simple, une relation, vraiment un cahier, et je crois que c'est important parce que je ne me suis pas proposé au départ de faire une œuvre littéraire, je ne me suis pas proposé de faire un recueil de poèmes. Quand j'ai commencé à écrire, j'ai voulu faire des poèmes, et, à un certain moment, j'ai pensé que ces poèmes ne méritaient qu'une chose, c'était de les déchirer, et j'ai décidé de tourner le dos à la poésie.

Et, c'est à ce moment là que j'ai dit : « Bon, je ne suis pas poète, ce n'est pas important, on ne meurt pas, vous savez, de ne pas être un poète, on peut faire autre chose ». Et j'ai commencé à exprimer un certain nombre de choses. Je ne sais pas pourquoi c'est écrit en prose d'ailleurs. Ce ne sont pas des vers, cela exprime une sorte de relation de moi-même, de quête de moi-même, sous une forme qui m'est personnelle, sans soucis esthétique particulier d'où le mot 'cahier', et c'est devenu *Cahier d'un retour au pays natal*. Alors on m'a dit que c'est de la poésie, par conséquent j'ai compris que ce n'est qu'en tournant le dos à la poésie que l'on trouve la poésie.

Voilà ce que c'est que le *Cahier d'un retour au pays natal*, une sorte de recherche, de quête, d'ascèse un peu douloureuse, recherche de soi, recherche d'une identité, définition d'une collectivité, c'est tout ça le *Cahier d'un retour au pays natal*, un retour aux sources, un enracinement, une invention verbale, et puis une projection sur le futur.

Question de Michel Tétu
Ainsi, en tournant le dos à la poésie, vous avez fait de la poésie, et vous avez été consacré, reconnu comme un des grands poètes de la négritude, avec les ouvrages que vous avez publiés par la suite, et on a tôt

fait de voir un trio Senghor, avec Damas et vous. Vous avez inventé le terme de *Négritude*. Peut-on vous demandez d'abord ce que représentait la *Négritude* à ce moment-là, au moment de votre expérience poétique ? Tout à l'heure nous parlerons de ce que la *Négritude* représente aujourd'hui. Que représentait-elle au moment où vous l'inventiez en compagnie de Damas et de Senghor ?

Aimé Césaire

Monsieur Tétu, eh bien, c'est vrai, je l'avoue, je suis un des pères de la négritude. Je sais que ce terme a été souvent mal interprété, je sais qu'il y a une très forte réaction à l'heure actuelle chez les jeunes contre le terme de négritude et je comprends très bien les réactions négatives. (…) Mais j'ai l'habitude de dire aux jeunes que pour comprendre la négritude, il ne faut pas tellement tenir compte de ses avatars à travers le temps, et que pour être juste, comme pour tout, il faut la resituer dans l'histoire. Je ne crois pas du tout à une doctrine éternelle, peut-être effectivement faut-il lui tourner le dos, peut-être faut-il l'enterrer.

Je ne crois pas que je suis immobiliste, je suis aussi peu dogmatique que possible. Ma négritude appartient à l'histoire. C'est né dans des conditions bien déterminées, et à ce moment-là, ce n'était pas du tout pour des buts inavouables. Or, plus tard, la négritude a servi à couvrir un tas de choses, et c'est peut-être ça qui irrite beaucoup de jeunes à l'heure actuelle.

Mais, la négritude fut une chose extrêmement simple et extrêmement précise. On était aux environs de 1935, il y a toute une génération à l'heure actuelle qui se trouvait en France, qui se trouvait à Paris, et Paris était un lieu assez singulier en ce temps-là puisque c'est là que j'ai rencontré des Noirs venant de tous les coins du monde, des Noirs francophones et même des Noirs américains. Donc, il y avait là un très grand rassemblement d'hommes de couleur, qui pouvaient échanger leurs expériences et confronter leurs vues.

En ce moment-là, en France, du point de vue colonial, il était entendu une fois pour toutes que l'homme noir n'a jamais rien fait dans le monde et que ce qu'on pouvait faire de mieux, était de considérer l'homme noir comme une sorte de table rase, le colonisateur bienveillant pouvait nous prendre comme le potier prend la boue et modeler quelque chose. Les plus progressistes pensaient que, mon Dieu, il ne fallait pas désespérer et qu'on pouvait en faire un Français à la peau noire. Je suppose que les Anglais devaient faire le même raisonnement, et pensaient qu'ils pouvaient faire des Anglais à peau noire. Et on pouvait très bien écrire une histoire de la civilisation sans qu'il y eut aucun chapitre sur l'histoire de l'Afrique, étant entendu que l'Afrique n'était pas terre de civilisations. Bref, ce qu'on nous offrait c'était l'image du Blanc conçu comme l'archétype, conçu comme un but, comme la finalité de l'histoire.

Eh bien, c'est contre tout cela que nous avons réagi. Pas en nous refermant sur nous-mêmes, car nous participions aussi au siècle. Nous avons subi les influences que tout le monde subissait à ce moment-là, mais nous avons senti la nécessité de réagir contre cela. Et la négritude, cela a été, à mon avis, premièrement, l'affirmation, la réclamation d'un héritage, cela a été la revalorisation d'un héritage noir, la revalorisation de l'Afrique. Cela paraît puéril, et aller de soi à tous les jeunes d'aujourd'hui, mais c'était quand même vrai alors que l'Afrique était une terre de barbarie, et nous avons dit, nous les premiers, que l'Afrique était une terre de civilisations. La civilisation ne pouvait pas être une chose noire. C'était vraiment une alliance de mots extrêmement hardie. Mais nous avons revendiqué l'Afrique, et nous l'avons reprise, nous sommes des Africains. Voilà. Et puisque nègres, il y avait ce mot, qui était considéré comme un terme péjoratif, nous l'avons relevé comme un défi. Par conséquent, affirmation de fidélité à une évidence. Et affirmation de notre volonté non seulement de rester fidèle à cet héritage, mais encore de développer cet héritage.

Et puis, deuxièmement, c'était aussi autre chose. C'était l'affirmation d'une solidarité, une solidarité à travers le temps, une solidarité à travers le monde, c'était l'idée que tous les noirs, quels qu'ils soient, quelque différents qu'ils puissent être, et quelque différentes que soient les conditions historiques dans lesquelles ils sont placés, que tous les noirs avaient quelque chose en commun, et la volonté que nous avions de témoigner de cette solidarité. Autrement dit, une sorte d'œcuménisme noir, et nous avons pensé qu'il était bon de dire, de faire savoir, que nous n'étions pas indifférents à ce qui se passait au Congo, qu'on n'était pas indifférents à ce qui se passait en Haïti, et pas indifférents à ce qui se passait aux Etats-Unis d'Amérique.

Donc, c'était ça la négritude, une chose, mon Dieu, extrêmement simple, une démarche extrêmement naturelle, la recherche et la définition d'une identité, à la fois personnelle et collective. Alors, je sais bien que la négritude a comporté toutes sortes de variantes, et c'était naturel. Je m'excuse d'avoir ces souvenirs scolaires, mais mon professeur de philosophie, quand il nous enseignait la doctrine de Kant, il nous parlait des post-kantiens, et il faisait un jeu de mots d'un goût douteux. Il disait que chacun avait son *kant à soi*. Eh bien, chacun a sa négritude à soi (...)

alors, bon, c'est que chacun est père de sa négritude, et a eu sa négritude, je ne sais pas tout ce qui s'est dit au nom de la négritude ! Mais je dis qu'au départ cela a été ça.

Il y a cependant une négritude avec laquelle je ne suis pas d'accord, et c'est peut-être celle-là qui est la plus attaquée. Ce qui consiste à dire, à concevoir par exemple, qu'il y a une essence qui s'appelle la négritude, ça serait un peu du Gobinisme renversé, n'est-ce pas, il y a l'âme nègre, comme il y a l'âme slave, etc., etc., et qui fait de l'histoire le déroulement de cette essence à travers le temps. Moi je ne crois pas du tout qu'il y ait une âme noire, cela n'existe pas. La négritude se situe dans l'histoire, et est conditionnée par l'histoire. Voilà comme je conçois la négritude. Est-ce que la négritude est encore utile, je n'en sais rien, mais dans tous les cas, pour moi, ce fut un instrument de prise de conscience.

Québec 1972. Sous la neige.

Nous citerons à la suite, cet extrait d'un autre entretien de Césaire par Jacqueline Leiner, sur ce même sujet de la négritude :

On a beaucoup disserté sur le mot négritude. Eh bien, il y a la négritude senghorienne, il y a ma négritude, il y en a d'autres ; mais il est clair qu'il y a dans tout cela des nuances et des ressemblances. La négritude senghorienne est caractérisée, je crois, essentiellement par une volonté de restauration. Je crois qu'il l'a dit lui-même : « c'est la défense et illustration des valeurs africaines ». C'est alors très important. Il est clair que ma négritude ne pouvait pas être très exactement celle-là, simplement parce que nous sommes différents. Senghor est africain, il a derrière lui un continent, une histoire, cette sagesse millénaire aussi ; et je suis antillais, donc un homme du déracinement, un homme de l'écartèlement. Par conséquent, j'ai été appelé à mettre davantage l'accent sur *la quête dramatique de l'identité*. Je vois que cette quête est superflue chez Senghor parce qu'il est dans son être et ne peut que l'illustrer. Chez moi, il y a une recherche, il y a une démarche, il y a une soif, il y a une faim et c'est cela qui donne à cette démarche un certain pathos, si vous voulez. Ceci étant dit, ce sont des domaines différents d'une même pensée. J'ai parlé des différences : différences de tempéraments, différences d'hommes. Mais il ne faut pas oublier non plus les grandes ressemblances. La négritude à mes yeux, c'est une chose qui est très simple, qui me paraît aller de soi, *c'est l'affirmation d'une identité*. Vous me demandiez qui je suis ? Eh bien, je suis d'abord l'homme d'une communauté historiquement située, je suis un nègre et cela est fondamental. Telle est la définition de mon identité. J'appartiens donc à une histoire. C'est l'affirmation *d'une fidélité*, c'est le deuxième point, autrement dit, dans mon esprit, il n'y a pas de place pour le reniement, il s'agit de rester fidèle à un certain nombre de choses, à un certain nombre de valeurs, à un certain nombre de cultures, par conséquent c'est le refus de l'assimilation bêtifiante. Et, troisièmement, c'est l'affirmation *d'une solidarité*. Ça signifie que je me sens solidaire, je me sens solidaire de tous les hommes qui luttent, de tous les hommes qui souffrent, de tous les hommes qui luttent pour la liberté et d'abord de ceux qui ont le plus souffert et qu'on a trop souvent oubliés, je veux parler des Noirs.

Extrait d'un enregistrement pour un disque sur Césaire
publié par Radio France Internationale, Paris 1984.

Césaire, le poète et le politique

On a souvent opposé le poète et le politique en cet homme hors du commun qui a profondément marqué deux générations d'intellectuels africains, et qui continue de faire frémir les étudiants à qui on l'enseigne dans nos lycées et nos universités.

En cette année de son 80e anniversaire, j'ai pensé plus utile de répondre à cette question si souvent posée : mais enfin comment Césaire peut-il être le grand Rebelle de la Négritude et en même temps député français durant 40 ans ?

En effet du côté africain on ne connaît bien que le poète, le fondateur de la Négritude avec Senghor, Damas, Alioune Diop, et quelques autres.

Et la Négritude fut non seulement un mouvement littéraire qui rassembla la diaspora des Noirs des trois continents à travers *Présence Africaine* et la *Société africaine de culture* ; ce fut surtout l'expression de la révolte nègre contre l'Occident et sa mainmise sur le Tiers Monde ; ce fut enfin la revendication passionnée de la liberté des pays colonisés, de la dignité des Nègres, et de la légitimité des valeurs culturelles du continent.

Aussi quand Césaire écrivit cette étrange prière :

> *« donnez-moi la foi sauvage du sorcier*
> *donnez à mes mains puissance de modeler*
> *donnez à mon âme la trempe de l'épée*
> *faites de moi l'amant de cet unique peuple*
> *faites de moi commissaire de son sang*
> *faites de moi dépositaire de son ressentiment »*

Il se donna pour tâche d'être l'authentique interprète des sentiments profonds du Nègre colonisé. Et tous en lui se reconnurent, si puissant était son verbe et si sincère était son cœur.

Quand Hamidou Dia[34] parle aujourd'hui de « Césaire au Cahier de feu » il traduit bien la sensation de brûlure qu'éprouve quiconque accepte de lire ou d'écouter en entier le *Cahier d'un Retour au pays natal*.

---

[34] Ecrivain sénégalais de la 3ième génération.

Poésie engagée donc, s'il en fut, et son projet belliqueux agressait littéralement le lecteur, l'expulsait de son confort et de son indifférence, et ce quel que soit son niveau de culture. Car le moins que l'on puisse dire de la poésie césairienne c'est qu'elle n'était pas du tout popu-laire ! Toute hérissée de termes savants, de néologismes, et d'une syntaxe hypercomplexe, elle atteindra cependant le continent africain de plein fouet, comme les masses créoles des Antilles et même les Noirs anglophones ou lusophones.

Quand Elie Pennon intercale dans une improvisation en créole de grands poèmes de Césaire, tout un théâtre rempli de jeunes Antillais vibre et applaudit.

Quand Douta Seck vocifère la dernière tirade du roi Christophe si mal commode à articuler, si difficile à comprendre, tous les Sénégalais pleurent devant leur télévision. Et pas seulement parce que Douta chante son chant du cygne, mais parce qu'il est devenu Christophe-Césaire, et que c'est l'Afrique en lui qui meurt, tout autant qu'Haïti.

Le message politique et humain passe à merveille, malgré les mots qui sont comme des masques, mais acérés comme des couteaux, et c'est le message que perçoivent les auditeurs africains malgré les mots qui leur échappent ou les phrases perturbées.

Mais que savons-nous exactement de Césaire, homme politique ? D'abord professeur au lycée de Fort-de-France, il est élu député communiste en 1946.

Il fera voter la départementalisation de la Martinique en 1949 ce qui mettra les Antilles à l'abri des joies... Mais aussi des désillusions, puis des douleurs de l'Indépendance.

Il est maire de Fort-de-France depuis 1949 et c'est le rôle qu'il préfère, véritable roi Christophe bien vivant dans son petit royaume.

Il quitte le PC en 1956, pour désaccord avec le parti français et sa politique des DOM-TOM, et suite au rapport Kroutchev sur Staline.

Il fonde alors le PPM et va demander non l'Indépendance mais l'autogestion pour les Antilles.

Au référendum de 1960, de Gaulle et Malraux le convainquent de faire voter oui. Cela fut peu remarqué par les nationalistes africains (seule la Guinée avait dit non !) mais toute une gauche antillaise lui en voulut, dont les militants Fanon et Boukman qui combattaient à cette époque en Algérie. Fanon ne lui en tint pas rigueur cependant, tandis que Boukman rejoignit le clan des opposants de Césaire.

Aujourd'hui ceux-ci lui font un **double procès** :

1) - le procès de la Négritude d'abord. Cela fait plus de 15 ans que l'écrivain Edouard Glissant avait proposé « l'Antillanité » comme alternative à la Négritude. Dans cette mouvance le professeur Jean Bernabé, et les romanciers Raphaël Confiant et Georges Chamoiseau ont écrit *Eloge de la créolité.*

La créolité promeut l'identité antillaise contre la conscience nègre jugée trop limitative et trop orientée vers l'Afrique ; la créolité récupère par exemple les sources indiennes. Elle s'attache aussi à étudier, écrire, publier et enseigner le créole comme média d'expression de l'âme antillaise, par opposition à l'exclusivité du français pratiqué par les tenants de la Négritude.

Ce mouvement de la créolité rassemble pas mal de jeu-nes universitaires et écrivains, comme les trois têtes de file déjà cités, mais aussi Relouzat, Anselin, Surena, Serge Patient, S. Dracius, Jorif, Serge Domi, Prudent, Monchoachi.

Ils montrent un dynamisme certain qui se manifeste par des revues très remuantes : *Antilla, Karibel, Carbet* et plus récemment *Tyanaba* qui, par un détour inattendu a découvert l'Egypte et ses mythes.

Peut-être que Cheik Anta Diop y a été pour quelque chose via les universités américaines.

Tout cela est fort sympathique. Le seul problème est que ces écrivains et ces revues sont très violents envers Césaire, et, après avoir reconnu de mauvais gré « que nous sommes tous fils de Césaire » ils affirment bien haut et fort leur intention de s'affranchir de ce père encombrant.

Cela va plus loin, trop loin, lorsque Confiant se laisse aller à l'insulte hebdomadaire dans sa revue *Karibel* ; récemment il fit paraître en France un virulent pamphlet contre ce qu'il appelle l'imposture de Césaire et les contradictions entre sa politique concrète et les principes affichés dans sa poésie. La haine de Confiant est réellement viscérale : c'est ce que Senghor nommait de l'opposition crypto-personnelle. Et Césaire très meurtri ne comprend rien à cette guerre, se sent injustement critiqué, voire persécuté. Là-dessus Chamoiseau reçoit le prix Goncourt et Confiant publie avec succès un roman tous les deux ans.

Ainsi en quelques années les positions se sont durcies et la classe intellectuelle est désormais coupée en deux. Face au clan créolité, le clan des césairistes comprend les professeurs Toumson et Valmore, les écrivains Desportes, Ponamah, Corbin, Orville, Maximin, et le journal *France-Antilles*...qui est l'équivalent du *Soleil* à Dakar.

2) - le deuxième procès qui est fait à Césaire dans son île est plus **purement politique**.

En fait c'est le procès des dirigeants du PPM.

D'autres partis comme celui du député Marie-Jeanne, sont devenus plus populaires, et puis surtout le PPM a mis ses revendications en veilleuse depuis 1980 avec l'arrivée au pouvoir des socialistes.

Il est difficile non seulement d'être prophète dans son pays, mais de le demeurer 40 ans.

Ce qui se passe était sans doute inévitable.

Mais sur le plan politique et social il faut reconnaître que les Martiniquais sont insatiables.

Ce pays est totalement transformé, Fort-de-France est une ville magnifique ; les Antillais ont des salaires français, le chômage, le SMIC, les allocations familiales, la sécurité sociale française ou quasi. C'est leur député-maire qui a assaini la ville, créé partout écoles, cantines, dispensaires, centres de jeunes. Ce pays ruisselle de prospérité. Mais les gens se plaignent sans cesse. Comme les Français en France du reste.

Nous qui venons d'Afrique, on croit rêver : scolarisés à 100%, 1 voiture pour 2 Martiniquais ! Bien sûr il y a une récession, là comme ailleurs, mais ils sont soutenus par la Métropole. La moitié des Antillais travaillent en France.

Qu'ont-ils donc à reprocher à Césaire ? Je ne pense pas qu'il eut pu faire mieux. L'indépendance ? Ils n'en ont jamais voulu. Sauf une petite frange qui n'a jamais su s'imposer. Le député, même s'il rêva l'Indépendance vers les années 56-59 et plus tard, ne s'est pas cru autorisé à trahir son électorat. Devenu Français en 49 les Antillais de Martinique veulent encore aujourd'hui le rester. Même les Confiant et autres. Ils veulent une autre politique culturelle, ou plus d'avantages socioprofessionnels. Mais pas d'aventure. C'est tout dire. Il est vrai que l'évolution de l'Afrique ne les encourage pas !

Que faut-il donc conclure de tout cela ?

Que le conflit des générations est chose triste, mais très banale. Nous avons vécu cela ici au Sénégal, et Senghor y fut contesté de même.

Certes il avait un art inégalable de récupérer ses adversaires et cet art, Césaire ne l'a pas. Il souffre, se braque, se renferme et se tait. Il réagit par le silence et le mépris. Cela ne favorise pas le dialogue. Car on ne peut s'empêcher de songer que ces fils ne sont devenus hargneux que parce qu'ils furent mal aimés. Et que peut-être Césaire s'il avait voulu les encourager quelque peu ! Dans tous les cas, vus d'Afrique, et vus de la planète Terre, ces antagonismes ne sont que petits problèmes locaux et querelles de personnes, ils ne pèseront pas lourd devant la renommée internationale du poète qui n'a cessé de grandir ces dix dernières années. Les théories passent, les complots et cabales passent, la poésie reste quand elle est royale.

Pour nous, Césaire demeure le poète des *Armes miraculeuses*, l'homme « au Cahier de feu », mais aussi celui dont la poésie si profonde accompagne l'épreuve et la blessure :

« car il y a ce mal
ci-gît au comble de moi-même
couché dans une grande mare, la sourde sans ressac...
défaite, défaite, désert grand »

Et enfin c'est avec les « pains de mots » de Césaire que l'on prendre patience ou reprendre espoir, aux Antilles, comme en Afrique ou partout ailleurs :

«n'y eut-il dans le désert qu'une goutte d'eau qui rêve

tout bas

dans le désert n'y eut-il qu'une graine volante qui rêve

tout haut,

c'est assez, désert désert, j'endure ton défi
blanc à remplir sur la carte voyageuse du pollen »

Dakar, 6 décembre 1993, paru dans *Research in African Literature*, Ohio University, USA.

En relisant Moi Laminaire

De plus en plus Césaire se sert de la poésie pour respirer, simplement respirer.

Naguère c'était surtout pour exploser – cela lui arrive encore du reste ; mais dans *Moi, laminaire...* le poème se mue souvent en exorcisme, moyen verbal de conjurer fantômes et fantasmes, de rompre le cercle vicieux du destin, de l'histoire, du sous-développement... de la pensée, de l'âge. « C'est par le poème que nous affrontons la solitude » dit-il à C. Rowell.
Celle qui s'avance avec l'âge et le retrait progressif du député puis du maire. Sa mutation en mythe national une ou deux fois par an, et en vieux monsieur le reste du temps.

Moi, Laminaire [35] : Titre surprenant d'un recueil qui devait d'abord se nommer : *Diabase* (par référence et opposition à *l'Anabase* de Xénophon).

C'est la première fois que Césaire se met à ce point en évidence : Moi, et se définit aussitôt : laminaire.

Les laminaires sont de longues algues qui s'accrochent aux roches sous-marines des Iles Caraïbes. Battues par les flots, et le ressac, il s'y reconnaît suffisamment pour les choisir en tant que symbole de son identité.

Les thèmes abordés ici, ni le style, ne surprendront les familiers de la poésie césairienne. Ces textes brefs, d'une demie ou d'une page, furent écrits sur une période de dix douze ans et dans un ordre qui n'a rien à voir avec celui qui a été choisi dans cette présente édition. C'est pourquoi il serait tout à fait vain de spéculer sur la structure du recueil ou sur les sentiments exprimés en fonction de la succession des poèmes.

Par contre jamais autant que dans ce dernier livre, Césaire ne s'est confié, livré sur sa poésie, sur la valence des mots, vecteurs de forces inaccessibles à lui par d'autres voies.

---

[35] Ed. Seuil 1982

Et c'est pourquoi nous axerons cette réflexion non sur l'explication des idées ou des symboles, comme nous avions coutume naguère[36] encore de le faire, mais sur les mots, les rapports de Césaire avec les mots de ses poèmes.

Car les mots sont en définitive les seuls outils du poète, et aussi ses seuls trésors. Voyez comme il s'en sert selon les nécessités de sa quête : il les entasse dans ses réserves :

Capteurs solaires du désir, à dispenser aux temps froids des peuples (p.23)

Ou encore il les cuit dans une lente alchimie :
patienter le mot or son orle
jusqu'à ignivome
sa bouche (p.22)

Ou il s'en sert comme viatique dans ses plongées de souffrance :
il faut savoir traverser toute l'épaisseur du sang
avec trois voyelles de fraîche eau... (p.66)

Parfois des poèmes entiers s'épanouissent sur les mots, comme le très beau *Mot-macumba* ; les mots présentés comme les loas du vaudou qui chevauchent leurs adeptes dans la transe :
Le mot est père des saints
Le mot est mère des saints
Avec le mot couresse on peut traverser un fleuve peuplé de caïmans
Il m'arrive de dessiner un mot sur le sol
Avec un mot frais on peut traverser le désert d'une journée
Il y a des mots bâtons-de-nage pour écarter les squales
Il y a des mots shango
Il m'arrive de nager de ruse sur le dos d'un mot dauphin (p.42).

Ce sont des périodes de bonheur où le poète voltige dans une jonglerie verbale dont il a le secret, et qui fait songer à Nietzsche, à son apologie de la danse...

* * *

---

[36] Voir notre édition critique du *Cahier* aux éditions Les classiques africains, éd. St-Paul, 1982.

Mais cet état de grâce n'est pas permanent, tant s'en faut et souvent, le poète se heurte *à l'incapacité d'un dire.*

A d'autres moments, les mots le trahissent et ne sont plus que des *grands fagots de mots qui s'écroulent dans un coin.*

Penaud, le poète reste alors avec le sentiment d'« avoir perdu quelque chose, une clef, ou d'être quelque chose de perdu » (p.34).

Son langage s'embarrasse, se traîne, se vulgarise ; c'est :

ça le creux

ça ne s'arrache pas ...
ça s'effilocherait plutôt
(s'avachissant ferme)...
ça se rampe (p.43)

le ça déglutit rumine digère
je sais la merde et sa quadrature
mais merde (p.20)

    même tabac
cette grande balafre à mon ventre... (p.31)

Ainsi s'englue le verbe pris par la vase *mal sade et fade*, la salive ravalée du ressac. Nombreux sont les poèmes enlisés dans les torpeurs et les marécages, sous le signe du mauvais ange.

Pourtant là encore « c'est la rancœur des mots qui nous guide », et Césaire en proie aux cauchemars, utilise alors les mots comme exorcismes :

Le mot oiseau-tonnerre
Le mot dragon-du-lac
Le mot strix... (p.24)

Car si les mots évoquent les fantômes, ils conjurent aussi ses monstres et lui rendent l'oxygène dont les miasmes quotidiens le privent :

Aurore
    Ozone
        Zone érogène
Par quelques-uns des mots obsédant une torpeur
                      (p.20-21)

Dans le poème *Batouque*, nous avions mis à jour l'alternance cyclothymique dans l'écriture poétique de Césaire[37].

Mais dans cyclothymique il y a cycle... Cercle ; le mouvement dialectique de la pensée, à force d'être répété, sans qu'il y ait progrès enregistré par les circonstances objectives, peut se muer en cercle vicieux.

Rappelez-vous, il y a vingt ans, il écrivait : « *Aucun cercle n'est vicieux* » *(Soleil cou coupé)*

Mais aujourd'hui il écrit :
On tourne en rond (p.30)

Le faire rétrécit...
Arrêtez le gâchis... (p.50)

Rien que la masse de manœuvre de la torpeur à
                                             manœuvrer...
Rien que le déménagement de moi-même sous le rire
                                           bas des malebêtes
Rien que l'hégémonie du brouillard...
Rien que du passé son bruit de lointaine canonnade...
Et toujours cette maldonne à franchir étape par étape

A charge pour moi d'inventer chaque point d'eau
                                             (p.32, 33*)*.

Et dès lors il les invente, ses points d'eau, ses puits, ses sources...

Et c'est encore avec les mots qu'il les trouve et les crée ; car le mot, c'est la noria, il s'en est expliqué :

« Le mot permet de racler les profondeurs. C'est lui qui me permet d'appréhender mon Moi : c'est par le mot qu'on touche au fond[38]. »

Pas n'importe quel mot, bien sûr, le poète les cherche, les trouve, les essaie.

---

[37] In *Césaire l'homme et l'œuvre* o.c. p. 80-82
[38] Entretien avec J. Leiner dans Etudes littéraires françaises 10 « Imaginaire –Langage – Identité culturelle – négritude » Ed. Jean-Michel Place, 1980 Paris, p.143.

Ainsi combine-t-il inlassablement les mots en images qui raclent les profondeurs. A la recherche de quoi de vérité ?

Et si ce travail d'exhaure est, de son propre aveu, son projet essentiel, que cherche-t-il dans les matériaux divers ramenés à la surface ?

Autant lui poser la question idiote : Pourquoi faites-vous des poèmes et non seulement des discours politiques ?

« En tout cas je trouve que c'est l'image qui est riche et le concept qui est pauvre... L'image n'est pas une dégradation du savoir (Sartre), l'image est prégnante, c'est un dépassement de soi, j'avance dans l'image... j'appréhende... c'est quelque chose qui me permet de cueillir, de prendre... j'engrange, j'étreins[39]. »

Nous y voilà. C'est clair. Il n'en a jamais tant dit. Il n'en dira pas plus. Tant pis pour les militants et les philosophes.

C'est à Senghor qu'il appartient de développer les différences subtiles entre l'idée-sentiment et la pensée philosophique, le *poïein* et la *sophia*[40], la qualité et les quantités, le signe et le sens.

Césaire nous donne seulement ces 94 pages où le sens n'a pas beaucoup varié depuis dix ans. Mais où les signes en avalanche nous mènent toujours plus outre aux confins du lexique, comme s'il voulait dénombrer la totalité des mots de la tribu !

Moi, laminaire... témoigne d'une énergie intellectuelle jamais à court de vocables rares, pour conjurer sous d'autres formes et d'autres couleurs ses antiques obsessions : pacarana, bathyale, rostre zopilote, ascidie, exuvies, strix, guiscale, épactes, hourque, horologue, safre, phosphène, sporange, saxifrage, trochilidis.

Jamais à court non plus de néologismes : ruiniforme, parlage, parlure, bisaiguë, diabase (formé sur anabase), précation sur imprécation, forjeté sur rejeté. Parakimonème visiblement fabriqué sur le grec, cadène pour chaîne, sur le latin, etc.

Réné Hénane a entrepris de dresser un lexique césairien extrêmement touffu et savant. Mais le poète de recueil en recueil, au gré de tant de nouvelles lectures que de réminiscences, enrichit son arsenal verbal, il accumule des trésors, « mes minerais secrets » (p. 11).

Il se fournit des armes imprévues comme le nom de Frantz Fanon, nom durci en pierre à feu, puis en diamant :

---

[39] Idem.p.151
[40] Idem. Entretien avec Senghor.

Guerrier silex...
>*FANON*
Tu rayes le fer
Tu rayes le barreau des prisons
Tu rayes le regard des bourreaux... (p. 21)

Alors il dit la pierre plus précieuse que la lumière
(p.47).

Césaire cristallise aussi des mots sauvages, des mots créoles et familiers comme *couresse, rabordaille, couroupite.*[41]

Ces mots libérateurs, créateurs, traqués par l'imaginaire jamais en repos du poète, ces mots, ce mot, pourtant il lui arrive de le perdre des semaines, *c'est ma créature mais rebelle* (p. 62).

L'art n'est jamais mécanique.
L'art est difficile.
Et parfois le chasseur revient bredouille :

Pensées éboulis d'abris
Rêves-boîteries...
Rien de tout cela n'a la force d'aller bien loin
Essoufflés
Ce sont nos oiseaux tombant en retombant
Alourdis par le surcroît de cendre des volcans...

Autant tracer des signes magiques
Sur un rocher
Sur un galet... (p. 34)

La noria est en panne, ou bien le puits tari, ou bien le poète fatigué. Alors il se ronge, il pense, il philosophe ; c'est encore avec des images, mais elles s'alourdissent de concepts :

Il pensa la logique de l'outrage... (p. 47)
N'existe que le nœud.
Nœud sur nœud.
Pas d'embouchure (p.69)

---

[41] Il a toujours intégré ces mots créoles dans ses poèmes et son théâtre : rappelons « la raque » de l'histoire et les refrains créoles dans *Roi Christophe*, et dans le *Cahier*, les « caye », « marron », « grand-lèche », rigoise », « sablure », « vesou ».

> *Moi qui rêvais autrefois d'une écriture belle de*
>
> > *rage !*
>
> *Crevasse j'aurai tenté* (p.70)

Ces périodes à sec peuvent durer longtemps. Ces poèmes ont été écrits par à-coups tout à fait irréguliers. Parfois une dizaine en deux mois. Puis plus rien durant un an !

On est loin de la petite musique de nuit de Senghor qui chante en toutes circonstances, fidèle compagne de ses heurs et malheurs. Poète comblé car sa muse moins avare.

* * *

C'est peut-être parce que Césaire n'a pas cette facilité, cette fécondité, que ses poèmes explosent comme des bombes ou des coups de grisou longtemps retenus. Et que les mots semblent venir de plus loin et, moins dociles, lui échapper, proférant des choses que le poète n'a pas prévues : par l'attraction mystérieuse, en fonction non du sens mais du son : « *ma parole capturant des colères cyclopes violets des cyclones* ». Des sons suggérant un autre sens, doublant ou défiant le sens logique. C'est un jeu diabolique auquel Césaire cède plus souvent qu'il n'est raisonnable. Ainsi dans :

> *Aurore*
> > *Ozone*
> > > *Zone orogène* (p. 20)

On a l'idée de lumière et d'air pur suggérés par aurore et ozone, à laquelle se superpose une espèce de ronronnement érotique inattendu, et renforcé *in fine* par orogène[42] qu'on ressent comme érogène.

Ou encore dans le beau poème titré « Rabordaille[43] », les sons font dévier le sens premier où l'homme est présenté dur, raide, coupant, agressif,

> *...un homme dont la défense lisse*
> *Etait un masque goli*

---

[42] Qui signifie en fait : relatif à la formation des montagnes.
[43] Désigne le joueur de tambour d'aisselle.

Et le verbe un poignard acéré...

*Un homme stylet
Un homme scalpel*

Un homme qui opérait des taies...

*Un homme vint
Un homme vent
Un homme vantail
Un homme portail...*

Un homme rabordaille... (p. 90-91)

Un homme vint entraîne le mot *vent*, celui-ci entraîne *vantail* et vantail entraîne *portail*. Ainsi le poète suit ses sons lâchés qui gauchissent, jusqu'à l'image contradictoire, la première apparence qu'il avait donné à son homme cuirassé. L'image de vent air-tambour a supplanté celle du guerrier, par glissement sur *vint-vent-vantail-rabordaille*.

Maintes autres fois Césaire à partir d'un jeu de mots ou de sonorités, déclenche des sens inattendus, des connotations déroutantes :

- l'âge et son péage
- le décompte des décombres
- les aoûtats travaillent dans le furtif
- le soir la soie
- les roches mal roulées
- la nuit descend de grillons en grenouilles.
- mot pétale, mot petrel
- désirs segments de sarments
- attention dans les vallées le velours d'un détour
- ce ciel sans cil
- poussière de rites de mythes
- mémoire mangée aux mites...

Comment oublier ces images étranges qui s'inscriront en nous par la force de leur formule ?

Si bien que la surprise est toujours au coin de la phrase, que le mot qui vient est rarement celui que l'on attend, ou que l'idée en cours appelle. Ce mot par contre appelle une autre idée et semble commander à son gré la danse verbale relayant l'intellect, relâchant la tension, prenant sa liberté...

Ou bien au contraire est-ce là le jeu même de la liberté, le lieu même ou la liberté de Césaire enfin s'accomplit ? Le lieu du sourire, au-delà de toutes les déchirures.

> *Très haut trouvé sourire perdu*
> *Au double confin incandescent*
> *L'un de sel l'autre de silence* (Ferrements),

Ce sourire perdu, voisin de ce *quelque chose perdu* comme la parole perdue des chevaliers du Graal, aux frontières du métaphysique...

Que cherche Césaire ? Pourquoi toujours *essayer des mots*, travail de puisatier, travail de mineur ? Est-ce le chef-d'œuvre ? Le projet esthétique ? Peut-être bien !

« Si le mot vous révélait tout entier, vous auriez le sentiment d'avoir fait une œuvre parfaite[44]. »

Est-ce la quête de ce Moi, qu'il ressent trop flou, vague, incertain[45], écho dangereux de *l'escouade des sans-noms* ?

Sans doute est-ce pour cela qu'il veut « nous définir féroces » et réveiller les démons toujours entre explosion, conspiration et représailles. Mais aujourd'hui il sait, n'est-ce pas, que l'assaut est toujours différé, même s'il est permis de jouer les rites du naufrage...
Cherche-t-il autre chose encore ?

> *plus bas que les racines le chemin de la graine...*
> *parler c'est accompagner la graine*
> *jusqu'au noir secret des nombres* (p.63)

Cherche-t-il dans « le chiffre, ma défense », une vérité cachée ? « une science d'oiseau-guide divaguant très tenace » (p.52), science que seul lui donne le poème qui seul lui permet d'accéder à l'être[46].

---

[44] Entretien avec J. Leiner op. cit.
[45] Voir note 78

Ailleurs il remarque : le besoin d'être se confond chez moi avec le besoin de poésie[47].

Et puis encore : *connaître, dit-il* (c'est le titre d'un poème sur un tableau de Wifredo Lam), – *connaisseur de connaître...* conception de l'art en tant que savoir, mieux, en tant qu'ascèse[48].

Cependant le geste vain et toujours recommencé, pour saisir l'oiseau de feu, et à chaque fois,
Il ne reste dans nos mains que quelques plumes...

Pour terminer nous offrons ce poème qu'il a oublié de publier dans son recueil, et qu'il composa à partir des deux noms que le pasteur du Rwanda donne à sa vache.
Les critiques y verront une référence africaine, une de plus, mais lorsqu'on a identifié l'origine du pollen, on n'a point encore le secret du miel !

VIES

Nom de faveur : lune qui mûrit
Nom secret : ronde de la nuit
Nom de faveur : ne-limite-pas-la-lumière
Nom sec : pas d'alibi
Nom de fureur : passage du Cap
nom secret : la nuit trahie
Nom faveur : éveil d'oasis
Nom de terreur : erg-Grand-erg fascination de
l'Erg.

Paru dans *Revue Ethiopiques*. Dakar 1983

---

[46] Entretien avec L. Kesteloot, octobre 1982, inédit.
[47] Entretien avec Jérome Garcin – FR3 – 1982
[48] Entretien avec L. Kesteloot, octobre 1982 op. cit.

Le cri

A Lilyan Kesteloot

Excède exsude exulte Elan
il nous faut Présence construire ton
                                          évidence

en contreforts de pachira
en obélisque
en cratère pour menfenil
en rayon de soleil
en parfum de copahu
            Peu importe
en poupe de caravelle
en flotille d'almadies
en favelles
en citadelles
en rempart d'andésite
en emmêlement de pitons
            Il n'importe
le vent novice de la mémoire des méandres
s'offense
à vif que par mon souffle
de mon souffle il suffise
pour à tous signifier
présent et à venir
qu'un homme était là
et qu'il a crié
en flambeau au cœur des nuits
en oriflamme au cœur du jour
en étendard
en simple main tendue
une blessure inoubliable.

« Aimé Césaire » in *Présence Africaine* n° 151-152, 1995. Numéro spécial coordonné par le professeur Mohamadou Kane.

Césaire et l'Afrique, en poésie

Nous avons tenté d'évoquer, naguère, dans la revue *Europe* consacrée à Aimé Césaire, ce que l'Afrique avait pu représenter pour cet Antillais considérable.

Pour l'intellectuel soucieux de son histoire cambriolée par les marchands d'esclaves de part et d'autre de l'Atlantique.

Pour le chercheur en quête de cette lointaine terre d'origine, source de sa culture.

Pour le politique militant pour la libération des peuples sur le continent noir.

Aujourd'hui nous souhaitons seulement nous attarder sur le poète, dont le cœur et l'imaginaire furent dynamisés par ce dialogue profond avec l'Afrique, aussi bien celle du passé que celle de l'avenir. C'est là qu'il plongea ses « racines ancreuses » et qu'il trouva l'énergie de « *pousser le grand cri nègre si fort que les assises du monde en seront ébranlées.* »

Si les assises du monde en furent ébranlées, nous n'en sommes plus si sûrs aujourd'hui, hélas ! – en revanche je peux affirmer que ce cri jeta comme un pont suspendu vers l'Afrique, par delà l'océan et les siècles.

Et que le nom, l'action, l'appel de Césaire fut entendu du Sénégal jusqu'au Congo.

Ainsi fut établie la jonction entre les deux continents – l'Afrique et l'Amérique – par ces intellectuels qui fondèrent à Paris le Mouvement de la Négritude dans les années trente. « Dans les années 1930 une mutation s'accomplit, écrit R. Toumson, le regard des Blancs change de fond en comble en même temps que change le regard des Nègres sur eux-mêmes. Et ce changement est consolidé par ceux que rassembla sous sa bannière, la revue *Présence Africaine* à laquelle participèrent les Antillais, les Afro-américains et les Africains, quinze ans plus tard. »

Césaire toujours en tête, avec Senghor du reste, hérauts d'une armée en marche, éclaireurs, prophètes d'un nouveau monde. Et leurs voix nous atteint toujours en ce début du XXIe siècle, comme une promesse d'embellie après les orages que nous vivons.

Mais l'Afrique que signifie-t-elle pour le poète Césaire ?

Pourquoi ? Comment ? Depuis quand ?

Dès le *Cahier du Retour au pays natal* (1939) on le surprend à invoquer le Kaïcédrat royal, arbre de l'Ouest africain *Kaya sénégalensis*, au bois dur et rouge, qu'on nomme ici acajou.

Et l'on pourra tout au long des chemins rocailleux de sa poésie suivre les traces de sa soif, de sa faim d'Afrique même si elle apparaît souvent comme une « princesse pitoyable ».

> « *L'Afrique dort, ne riez pas, ne riez pas l'Afrique*
> *saigne, ma mère*
> *et s'ouvre fracassée à une rigole de vermines*
> *à l'envahissement stérile des spermatozoïdes du*
> *viol* ».

Car l'Afrique fut terre de chasse pour les esclavagistes puis terre d'exploitation pour les colons, où le nègre servit de « moteur à bananes » comme l'écrivait Albert Londres en 1929, dans *Terre d'ébène*.

Les Antillais sont fils du viol de ce continent, ils en portent encore la marque indélébile, ils n'ont pas oublié : « *la chair vole en copeaux d'Afrique sombre* ».

Cette souffrance-là demeure et ne s'évacue pas en quelques générations.

« *J'habite une blessure sacrée* » écrit Césaire. Tous les poètes noirs des Amériques l'ont entendue, vécue et revécue, cette anamnèse du passé cruel de leur race :

> « *Une rumeur de chaînes, de carcan monte de la mer*
> *Un gargouillement de noyés, de la panse de la mer*
> *Un claquement de feu, un claquement de fouet*
> *Des cris d'assassin... la mer brûle ou c'est l'étoupe de*
> *Mon sang qui brûle*
> *Oh le cri... toujours le cri fusant des mornes* »
>
> (*Et les Chiens se taisaient*)

Cependant au-delà de cette déchirure existentielle, en remontant plus loin, plus haut dans le passé, les poètes de la Négritude surent retrouver l'Histoire. Et l'Afrique des empires.

C'est Césaire toujours et dans le même poème qui évoque Djenné la cité rouge, et Tombouctou, Bornou, Bernin, Sokoto, villes capitales de ces empires prestigieux ; et aussi Sikasso dont le roi Ba Bemba se fit sauter dans un fortin plutôt que de se rendre à l'envahisseur. Comme Dessalines ? Comme Delgrès ?

Dans le *Cahier* déjà il s'était rappelé les Askia du Songhoï et les princes du Ghana. Mais c'était sur le mode de la dérision « non, nous n'avons été jamais amazones du roi de Dahomey, etc. etc. ...nous ne sentons pas sous l'aisselle la démangeaison de ceux qui tinrent jadis la lance... »

Fils d'Afrique les Antillais, certes, mais fils déchus : arrachés, déportés, vendus, revendus. N'est-ce pas sans remèdes ?

Et pourtant... c'est bien encore vers ce continent où Césaire n'avait encore jamais mis les pieds, qu'il retourne ; et il y découvre une énorme puissance de révolte ; il retrouve l'étincelle jaillissant du « vieil amadou déposée par l'Afrique au fond de lui-même. »

C'est en Afrique qu'il puise les images les plus agressives – ses armes miraculeuses – arcs, sagaies, couteaux de jet, machette, mais aussi lions, scorpions, termites, fourmis manians, cobras, murènes, cactus, datura... soit tout ce qui coupe, pique, mord, ronge, empoisonne...

C'est l'Afrique qui – pour lui – se révèle siège d'une force irréductible, dépositaire de ce « ngolo » force vitale bantoue[49] et fondement de l'animisme africain.

Cette force africaine, le rebelle la convoque ; car s'y trouve accumulée toute l'énergie nécessaire à sa révolte ontologique :

« l'Afrique j'ai de la frénésie cachée sous les feuilles à ma suffisance
je tiens à l'abri des cœurs à flanc de furie
la clé des perturbations et tout à détruire
le soufre mon frère le soufre mon sang »

L'Afrique pour Césaire fut cette réserve, ce potentiel de vengeance, de violence, d'explosion... de résurgence.

Elle lui fournira ses mots-silex, ses « mots-Shango » dit-il lui-même, en référence au Dieu de la foudre du panthéon nigérien. A l'instar des volcans des Antilles, des fleuves et des anacondas de l'Amazonie.

Elle alimentera son « langage de cap et d'épée ».

L'Afrique barbare, l'Afrique cannibale, celle « des épidémies et des épizooties », l'Afrique de tous les dangers pour le négrier, le prédateur, le colonisateur.

---

[49] C'est le père Placide Tempels qui met à jour ce concept dans *La Philosophie Bantoue* (*Présence Africaine*) éditée à la même époque que *Les Chiens se taisaient*.

L'Afrique indomptable qui se défend, contrairement aux îles caraïbes : « j'ai voulu acclimater un arbre de soufre et de lave chez un peuple de vaincus ».

Il faut comprendre que pour Césaire les indépendances de l'Afrique et celles des nègres furent le même combat. Il a toujours été branché sur la diaspora, et dès le début sur ce continent noir « *où la mort fauche à larges andains* » (*Cahier*).

La place surprenante que ce continent a prise dans l'esprit du poète, a sans doute orienté son œuvre, plus encore que son action politique.

Césaire en effet « accompagne » l'Afrique jusque bien après les indépendances. Son recueil *Ferrements*, ses pièces *Le roi Christophe* et *Une saison au Congo* sont des œuvres inspirées par l'Afrique parfois plus que par les Antilles. Si bien que les universités et lycées africains les ont toujours au programme, de même que le *Cahier du Retour*.

Mais je ne voulais pas vous égarer sur la réception de Césaire en Afrique.

Nous parlons de sa poésie et tenons à y revenir. Car c'est là que se dessine cette Afrique imaginaire telle que le poète l'a reconstruite, à la mesure de son désir.

Et le problème n'est pas ici de se demander si cette image est ou n'est pas le miroir fidèle d'une Afrique réelle.

Mais ce que représente l'Afrique pour le poète, en termes de colères, de frustrations, de souffrances.

Mais aussi en termes d'affection, de rêve, d'espérance.

Et nous terminerons ce trop rapide parcours dans une œuvre de longue haleine, par cette dernière dimension de la poésie césairienne.

Car l'image de l'Afrique assez sommaire au début, n'a cessé d'évoluer et de s'enrichir avec sa connaissance personnelle des Africains.

Et l'Afrique barbare, pays du *soleil hurleur*, de ses premiers poèmes, va se transformer en « main ouverte tendue à toutes les mains blessées du monde ». Dans le Tiers Monde des années soixante l'Histoire avançait enfin, et Césaire voyait pousser les nations nouvelles :

« *Vertes et rouges je vous salue de mon île lointaine je*
vous dis Hoo !
Et vos voix me répondent : il y fait clair »

(Ferrements)

Ce poème est dédié à Senghor, mais il y parle de la Bénoué du Logone et du Tchad, il y parle de la Guinée et du Mali, il y voit, au Congo dit belge :

« Kivu vers Tanganyika descendre
par l'escalier d'argent de la Ruzizi »

Il y entend « rugir le Nyaragongo », ce volcan altier qui rougeoie au Nord du lac Kivu.

Le très beau poème sur Addis-Abeba écrit en 1963 manifeste une euphorie rare chez Césaire. Il y associe le baobab, le palmier et l'eucalyptus dans son « cœur d'île et de Sénégal ». il rêve de la reine de Saba en écoutant Myriam Makeba ; il entend la voix de l'Afrique et le cri du lion sud-africain :

« et ce fut pour nous an neuf... lichen profond lâcher
d'oiseau »

L'Afrique sera pour lui le lieu où se réalise tous ses espoirs de liberté, de dignité.

Certes Césaire apprit rapidement qu'il était trop pressé.

C'est bien à contrecœur qu'il admit que « les peuples vont de leur petit pas » et que les Christophe, les Lumumba sont des prophètes ou des martyrs. Ils meurent pour « l'honneur de l'Afrique ».

« L'Afrique est comme un homme qui dans le demi-jour
se lève
et se découvre assailli des quatre points de l'horizon »
(Une saison au Congo)

Il mit cependant vingt ans à comprendre qu'il ne verrait pas le continent triompher de ses problèmes.

Alors le poète petit à petit se repliera sur les Caraïbes.

« les espoirs trop rapides rampent scrupuleusement
Pour ma part en île je me suis arrêté fidèle ».

Résigné en apparence, le Rebelle, il ne verra pas l'homme noir triompher de son destin : il n'y a pas de miracles ; la lutte continue, mais Césaire n'y participera plus directement. Ce sera la diabase.

A partir de ce temps-là l'Afrique, il va l'intérioriser. Et dans ses derniers poèmes on verra surgir parmi la faune et la flore antillaise, les fromagers, les baobabs du Sénégal, les ponts de liane, les masques goli de Côte-d'Ivoire, l'hyène et le vautour du mythe de Wagadou qu'il a retrouvé dans l'Epopée bambara, et puis aussi cet usage des pasteurs du Rwanda de baptiser leurs vaches de plusieurs noms :

*« Nom de faveur : lune qui mûrit
nom secret : ronde la nuit »*

Ainsi l'Afrique le suit dans ses rêves, après qu'il l'ait accompagnée dans sa guerre.

Et aujourd'hui lorsqu'il arpente en tous sens les sentiers de la Martinique il s'arrête soudain devant une plante sauvage : « elle vient d'Afrique, n'est-ce pas ? C'est le vent qui a transporté la graine » et il a raison, c'est une plante du Sénégal : *la Calotropis procera*.

> Paru dans *Actes du Colloque de Fort-de-France* pour le 90ᵉ anniversaire de Césaire. Présence Africaine – AIF – 2003.

La bouteille à moitié vide ou la bouteille à moitié pleine ?

Les grands hommes politiques, les artistes, les poètes sont presque inévitablement créateurs de mythes. Mais tout aussi inévitablement il se crée des légendes autour de leur personne.

L'idée fausse parmi les plus coriaces qui courent sur Aimé Césaire concerne son enfance ; tous ses lecteurs sont persuadés qu'il fut un enfant loqueteux et affamé. Certains l'ont même comparé à Senghor, fils de riche commerçant ; élève des bons pères et agrégé de grammaire : autant de signes de « bourgeoisie » confortable, que l'on oppose à un petit Césaire « prolétaire » misérable, et par conséquent prototype du colonisé des années 1920-1930.

On ira jusqu'à pousser le raisonnement en sociologue ou en psychologue, en affirmant que c'est à cause de cette enfance extrêmement démunie que Césaire est « révolutionnaire » ; cependant que Senghor le bourgeois sera l'homme du compromis, du réformisme, voire de la collaboration avec l'Occident tant colonial que néo-colonial. Nous-même, faut-il le rappeler, avons été dupe de cette hypothèse et avons appuyé des arguments de cette espèce.

Hypothèse vraiment erronée, après vérification des faits et de meilleure connaissance de la famille d'Aimé Césaire, et de celle de L. Senghor. En effet, il faut s'en convaincre, Césaire ne sort ni de la hutte de paille et de banco, ni des bidonvilles antillais.

Son grand-père fut professeur de lettres au Lycée de St-Pierre. Il avait suivi l'Ecole Normale de Saint-Cloud, en France. Cela se passe à la fin du 19e siècle. Il faut remonter à l'arrière-grand-père pour retrouver la souche paysanne.

Quand au père de Césaire, il sera d'abord gérant de la plantation Leyris à Basse-Pointe, puis passera les concours pour devenir contrôleur des contributions. Il sera alors affecté à Fort-de-France.

A cette époque, Aimé n'a que onze ans, il a terminé ses études primaires et entre en sixième latine, avec une bourse parce qu'il est dans les premiers de sa classe. Non par impécuniosité de ses parents.

En effet, ses deux sœurs Denise et Mireille sont placées chez les religieuses, école libre et payante, mais où l'éducation des filles est mieux soignée qu'à l'école publique.

Il faut aussi remarquer qu'Aimé ne sera pas le seul universitaire de sa famille. Denise fera le droit et passera toute sa carrière à Dakar comme juge d'instruction. Mireille, professeur d'anglais, épousera d'abord un professeur martiniquais, et puis veuve, épousera un inspecteur d'académie de Bordeaux. Enfin leur frère Georges fut un brillant médecin, disparu trop tôt dans un accident d'avion.

Bref il convient de situer la famille de Césaire dans la moyenne de la bourgeoisie antillaise.

Bien sûr, comme pour tout fonctionnaire à salaire fixe, ce ne fut pas l'opulence. A côté des fils de colons propriétaires de terres et d'usines, sans doute les petits Césaire auraient pu se sentir pauvres. Cependant ils eurent toujours le nécessaire (nourriture, vêtements, chaussures, fournitures scolaires). Ils eurent même déjà ce qu'on pourrait appeler le superflu.

Car le père Fernand Césaire possédait une bibliothèque bien fournie et c'est là qu'Aimé a lu Victor Hugo, Montesquieu, Racine et les autres classiques.

Ce père aimait la littérature et lisait à son fils de grandes tirades de ses auteurs préférés. Césaire en fut impressionné pour le reste de son existence.

Le père lui donna le goût des lettres et l'esprit d'indépendance. Auprès de sa mère il apprit qu'une famille doit être dirigée sur le plan moral comme sur le plan matériel. Elle n'inspire pas la pitié Madame Eléonore Césaire, voyez ses portraits[50] ! mais de sa forte stature émane une autorité incontestable.

Elle veillait à tout, c'était le pilier de la famille. Certes elle fit aussi des travaux de couture non seulement pour les siens mais aussi pour les voisins. Elle avait une machine Singer et les petits suppléments étaient bienvenus, avec six enfants qui ne devaient manquer de rien. Mais il y avait une servante qui aidait au ménage et faisait les gros travaux. Comme c'est le cas du reste dans les familles de fonctionnaires africains d'hier et d'aujourd'hui. Et les enfants grandirent sans autres problèmes que de réussir leurs examens.

---

[50] Voir notre ouvrage « Comprendre le Cahier d'un retour au pays natal » aux éditions St-Paul, France 1983

Certes à cette époque, il n'y avait pas de congés payés en France. Les enfants passaient donc leurs vacances en Martinique, mais ils pouvaient aller chez leur grand-mère, au Lorrain près de Basse-Pointe. Là, c'était la campagne, et cette grand-mère prénommée Hermine était un personnage dans son village ; aussi respectée qu'instruite, elle jouissait d'un statut à part. On venait la voir pour lui demander conseil, pour arbitrer les conflits. Ce fut elle, qui apprit à Aimé la lecture et la grammaire. Elle habitait une maison de bois au sommet d'un morne, dont Césaire a donné une vision plutôt dramatique dans son *Cahier*.

Cependant le bois était le matériau de construction habituel dans l'île, et tout maire qu'il est aujourd'hui il habite toujours une maison de bois de style ancien, entourée d'une véranda ; et elle doit toujours, comme toutes les demeures de cette espèce, contenir pas mal de cancrelats, et d'araignées. Mais cela ne semble pas le déranger, et le souvenir qu'il garde de sa grand-mère n'est ni attristé ni pénible.

Cependant il est temps de dire que ce mythe d'enfance misérable de notre poète, est sorti tout entier du *Cahier d'un retour au pays natal*.

Il y parle « de cette petite maison perchée sur le morne…, au toit rongé de lèpre… » et arpentée par « des dizaines de rats », éclairée à la bougie ; et puis encore de la maison de ses parents, hantée la nuit par le bruit de sa mère « qui pédale, pédale pour notre faim jour et nuit ». il parle encore de « cet enfant maléfique » et qui a tellement faim « qu'il ne peut plus monter aux agrès de sa voix » pour répondre en classe au maître qui lui martèle le front et l'interroge sur la reine Blanche de Castille. Ailleurs, il cite un autre enfant « moi, marchant sur une route et mâchant de la canne à sucre pour tromper sa faim ».

Et parce qu'un certain nombre de détails sont tirés des souvenirs très exacts de Césaire (maison sur la colline, mère cousant sur sa machine, nombre de frères et sœurs, instituteur lui tapant du doigt sur le front) on en déduit que ces tableaux de souffrance enfantine et de misère sociale concernent bien la vie de Césaire… et on oublie la liberté du poète.

Certes, il le dit lui-même, il offrait dans le *Cahier* une vision « hallucinée » des Antilles… et de lui-même. Usant de sa liberté d'écrivain, de son droit à l'imaginaire, il s'identifie lui, fils de petit-bourgeois, au pire de la condition nègre : l'esclave, le déraciné, le colonisé, le prolétaire.

Derrière le masque souriant et exotique de son île – qu'il évoque bien du reste – il décape la personnalité antillaise abâtardie, tronquée, aliénée. Ainsi, il se fait « conscience ouverte » du drame inconscient et collectif de son peuple, en même temps que porte-parole, « voix de ceux qui n'ont pas de voix ».

Il va même plus loin : dans un grand geste et non sans romantisme, il s'assimile à « l'homme - juif, l'homme - cafre, l'intouchable de Calcutta, le chiot, le mendigot ». Tout comme Lord Byron ou Chénier devant les malheurs de la Grèce, ou encore Marx ou Lénine dénonçant le sort du prolétariat.

Tous ceux qui ont initié les grandes révolutions ne furent-ils pas des gens de classe aisée ? Cela enlève-t-il quelque chose à leur révolte, à la sincérité de leur engagement ? Faut-il être soi-même affamé pour écrire de la littérature engagée ? Voyez les Jacques Roumain, Stephen Alexis, Guillen, Wright, et en Afrique les David Diop, Dadié, Charles Nokan, Mongo Beti ou Paul Dakeyo ; autant d'universitaires personnellement à l'abri du besoin, mais bouleversés à des degrés divers par les souffrances de leur race, de leurs peuples. Pourtant dans le cas de Césaire naquit un mythe de Césaire-enfant-pauvre qui engendra un malentendu durable.

En effet quand Césaire devint militant communiste en 1946, on s'attendit à ce que lui plus qu'un autre (puisqu'il était censé sortir des taudis de Fort-de-France) produisit désormais des poèmes populaires, accessibles aux masses etc.

Hélas ! Césaire devint de plus en plus surréaliste et écrivit coup sur coup *Soleil cou coupé*, *Les Chiens* se taisaient et *Les Armes miraculeuses*, trois recueils beaucoup plus abscons que le *Cahier* !

Nous avons tenté d'expliquer dans *Les écrivains noirs de langue française* les motifs raisonnés tant politiques que littéraires qui avaient conduit Césaire à choisir délibérément l'écriture surréaliste[51].

Il demeure que la situation politique a bien changé et aussi la littérature, cependant que Césaire a conservé ce mode d'expression. C'est donc qu'il a des mobiles plus profonds. Et l'on s'aperçoit que l'écriture surréaliste ne fut pas tant liée aux conjonctures des années 1940 qu'à une postulation interne, impérieuse et irrationnelle. Cette écriture poétique est la seule sienne, intime, vraie, grandiose, géniale.

En réalité Césaire défend toujours avec véhémence tout ce qui risque de remettre en question son écriture poétique. Il refuse instinctivement – et il a raison – tout argument et toute critique qui l'amèneraient à réviser sa manière de créer. Et cette attitude nous confirme dans la conviction

---

[51] Voir le chapitre sur *Tropiques*, in *Les écrivains noirs de langue française*. Ed. Université de Bruxelles 1963.

que son écriture poétique relève d'une nécessité interne[52] et qu'il n'a pas le choix : c'est la seule manière possible de faire sauter ses verrous intérieurs !

En tous cas il écrit de plus en plus en registre poétique, sans tenir compte du degré d'intelligibilité de ses poèmes, et encore moins du degré d'intellection de ses lecteurs.

Et voici quinze ans qu'il n'a plus produit de pièces de théâtre, alors que ces dernières « passaient » beaucoup plus largement que ses poèmes et ont toutes rencontré un franc succès. Ceci semble paradoxal et on peut se demander pourquoi Césaire, ayant découvert une forme d'expression quasi idéale pour la communication, l'a abandonnée…

A mon avis strictement personnel, le dialogue avec un poète de type médium tel que Césaire est tout à fait illusoire. Lorsque l'on croit le comprendre, ou plus exactement lorsqu'il pense être compris, il ne tarde pas à s'apercevoir que ce fut de manière partielle, partiale, déformante, bref, décevante. Si bien qu'à la longue il cesse de se contraindre à une forme qui exige de lui bien plus d'efforts que le poème. Voilà donc un homme condamné à la solitude intérieure en fonction même du démon (daimôn) qui l'habite.

Même à sa famille et ses proches, Césaire échappe comme l'oiseau échappe au renard. Une dimension en plus. Les ailes. L'altitude. La vitesse.

C'est cette dimension que Senghor apprécie lorsqu'il reconnaît, lui l'académicien : « Césaire est le plus grand poète noir. »

Que j'aime donc chez notre poète-président, en dépit des louanges des griots et courtisans, cette lucidité, cette honnêteté intellectuelle, cette amitié sans mesquinerie !

Senghor l'enfant sérère qui gardait les chèvres, pieds nus dans le sable des tanns de Joal. Senghor ne trouva point de livres dans la maison de son père et dormit sur la natte dure, comme tout petit paysan sénégalais. Il mangea les restes de repas des adultes, riz au poisson ou pâte de mil aux feuilles, tous les jours de l'année, sans toucher à la viande en dehors des grandes fêtes.

Et pourtant le mythe de Senghor-enfant-riche est aussi répandu que celui de Césaire-enfant-pauvre.

Mais ce qui est passé dans sa poésie, ce sont les souvenirs émerveillés et attendris du poète.

---

[52] C'est dans une lettre à Breton, conservée à la Bibliothèque Doucet, place du Panthéon, que Césaire précise son adhésion profonde au surréalisme qui lui permet de découvrir sa Vérité.

Et là encore le lecteur se laisse prendre. En réalité lorsque le touriste découvre la vérité de l'environnement de l'enfant Senghor, après avoir lu ses poèmes, il déchante ! Joal était un trou fort sale, le bord de mer fangeux, la brousse et les champs maigres et clairsemés, la maison paternelle médiocre sous la couche de chaux, ne parlons pas de Djilor...

Il faut vraiment être poète pour trouver cet endroit-là idyllique. Evidemment, si on y est né et qu'on n'a rien vu d'autre... Bref pour l'œil objectif, le Sénégal est moins attractif que la Martinique, et la misère y est certes plus générale et agressive.

La vérité du Sahel, c'est la pénurie, c'est le désert proche, c'est la disette, parfois la famine.

Mais derrière Senghor il y a des siècles de civilisation peule et sérère, deux ethnies qui, hors de tout contexte colonial ou servile, sont accoutumées à la pénurie. A la frugalité, à la mortalité infantile, aux endémies de toutes espèces.

La faim, la mort, la chaleur excessive, les moustiques, les rats, la marche interminable, furent le lot quotidien de millions de Sénégalais.

Aussi sont-ils habitués à la maîtrise de leurs divers besoins :
« *Minces étaient les désirs de leurs ventres* ». Bien forcés !

Dès lors l'enfant Senghor se trouve-t-il facilement comblé : il mange à sa faim et le grossier beignet (le *dang au sortir du feu*) lui semble aussi délectable qu'un sein de femme ! Il se sent privilégié parce qu'il va au collège. Il déborde d'admiration pour Djogoye, ce père lointain, qui ne dut certainement jamais s'occuper de ses devoirs scolaires.

Il ne dira jamais que sa mère eut statut de parent pauvre au sein de la famille polygame. Mais il travaillera pour dépasser ses frères et sœurs mieux nés, d'épouses plus prestigieuses, dans ce pays où le sang fonde la valeur de la personne.

Car si l'esclavage a nivelé les Noirs aux Antilles (bonne base sans doute pour la démocratie), le Sénégal de Senghor était encore essentiellement féodal et dominé par l'aristocratie traditionnelle ; Léopold Sédar en vécut les valeurs sans les remettre en cause, même si elles jouèrent parfois à ses dépens.

L'inégalité était pour lui normale. Il la nommait hiérarchie. Cependant les enfants des campagnes africaines vivent de la même façon (nourriture, vêtements, distractions) quelle que soit leur origine sociale.

Quand au collège, Senghor dut y rencontrer les fils de colons blancs, camarades de classe, qui, ceux-là, possédaient livres, vélos, jouets que Sédar n'avait point. Il n'était pas d'usage dans les familles africaines de « gâter » les enfants.

Cependant le poète choisit d'évoquer le seul luxe des nuits étoilées et présente son travail de berger comme une promenade délicieuse. Et de se taire sur les moqueries des cousins pour l'écolier malhabile dans les travaux manuels (jardinage) alors obligatoires.

Silence sur les quolibets des camarades qui durent le traiter maintes fois de *toubab*, hier comme aujourd'hui, parce qu'il aimait parler le français.

Rappelons aussi qu'il fut boursier tout comme Césaire, et que ses frères qui, moins que lui, réussirent leurs études, ne purent les poursuivre à l'étranger.

Ce n'est donc pas tant l'aisance – relative – de son père qui lui permit d'atteindre les sommets universitaires ; mais l'opiniâtreté à l'étude d'un petit Sédar avide de compenser certaines frustrations au sein de cette famille, dont il deviendra plus tard, du fait de son ascension sociale, le pourvoyeur et le protecteur.

En réalité donc Senghor et Césaire proviennent de milieux sensiblement égaux encore que non identiques : tout au moins eurent-ils respectivement, en tant qu'écoliers, leurs besoins satisfaits ; ils ne vécurent dans l'opulence ni l'un ni l'autre. Mais ni l'un ni l'autre ne furent pauvres matériellement.

C'est leur vision de leur enfance qui diffère, plus que cette enfance elle-même... ce sont leurs poèmes qui ont créé les mythes opposés sur leur jeune âge et produit les radicalisations : Césaire = enfer nègre. Senghor = paradis africain.

C'est un peu l'histoire de la bouteille à moitié vide ou à moitié pleine. Les poètes bien sûr ont le droit de choisir dans leurs souvenirs, de les transformer, d'y imprimer leur pessimisme ou leur optimisme existentiel – « je ne triche pas, je trie » précise Serge Doubrovsky, dans son autobiographie.

Cela nous remémore, à nous critiques, le rôle exact de la création artistique, qui n'est pas de reproduire la vie mais de l'interpréter. Et nous invite à mettre en garde les lecteurs qui induisent d'un texte à la biographie trop rapidement : Césaire n'eut pas besoin de mâcher de la canne à sucre pour calmer une faim inextinguible ; Senghor ne vécut pas à la cour de Sine ni ne dormit sur coussins de soie et tapis d'orient.

Mais n'est-ce pas justement leur don de transfiguration d'une réalité pour nous banale, qui en fait des poètes inoubliables ? Et ce, bien au-delà de leurs rôles transitoires de chefs politiques.

P.S. – Pour ceux qui se soucient de mieux connaître la vraie vie de nos deux poètes, nous conseillons :

Pour Césaire : - la biographie écrite par Roger Toumson et Simone Valmore (éd. Syros)
Pour Senghor : - L'émotion et la raison, par Jacqueline Sorel (éd. Sépia),
- Vie de Léopold S. Senghor, par Janet Vaillant (éd. Karthala).

Un poète sans frontières :
du Terroir au « Tout monde »

S'il est un poète tourné vers son enfance, vers son terroir, vers ses racines, et qui s'enchante à la pensée des troupeaux de son père, des étoiles du Sine, et des deux mille poèmes de Marône Ndiaye, poétesse de Joal, c'est bien Léopold Sédar Senghor.

S'il est un poète qui épelle en chapelet les bois sacrés, les villages, les fontaines, et tous les lieux de mémoire mythiques de son pays natal, c'est Senghor.

L'enracinement et le retour aux sources sont les temps forts de cette poésie, et cela fut largement commenté par les critiques qui ont abordé l'écrivain dont nous célébrons aujourd'hui les quatre-vingt-dix printemps.

« Parce que le royaume d'enfance c'est le royaume même de la poésie » explique-t-il à un poète-frère, Edouard Maunick[53], « parce que nous ne faisons rien d'autre, nous poètes, qu'à chanter le royaume d'enfance, c'est-à-dire un monde où tout était transparent, signifiant, le monde de la vraie vie. »

Peut-on dire que Senghor est pour autant un conservateur comme d'aucuns le prétendent ?
Certains l'ont figé dans un romantisme fondé sur les souvenirs et les regrets, quelque part entre Lamartine et Musset ; et son mémoire de licence sur Baudelaire n'a fait qu'accréditer l'idée qu'il était bien de cette famille d'esprits fascinés par la nostalgie.

Aussi, tout naturellement, on a pris l'habitude de l'opposer à son complice et ami Aimé Césaire. En somme la Nuit et le Jour, comme les belles statues de Michel Ange qui reposent au tombeau des Médicis à Florence. Contraste commode, complémentaire, tels le Yin et le Yang chinois, féminin, masculin. Ou encore Césaire le père de la Négritude, Senghor le fils et Damas le Saint-Esprit, ainsi que le suggérait notre malicieux guyanais, lui qui avait reçu l'humour en partage, en plus de la poésie !

---

[53] Dans un enregistrement RFI – réalisé par J. Sorel et F. Leroux.

Les simplifications dégénèrent souvent en caricatures ! Mais le rôle des critiques n'est-il pas de se refuser à des clivages aussi réducteurs, et d'identifier les autres thèmes qui s'entrecroisent dans cette œuvre riche, l'amour, l'amitié, la compassion, la revendication ? Le critique doit surtout « dire le sens du message du poète », nous recommande le Maître.

Et tout d'abord cette enfance, ce village, cette famille, ce pays, n'est-ce point le fondement même de l'être ? « J'ai réagi à mon environnement en voulant m'exprimer moi-même ». Donc Djilor, Joal, le Sine, c'était naturel, c'était sa base de départ. Car il y eut départ.

Relisant avec attention ces textes égrenés sur cinquante ans de travail poétique[54], l'on découvre en effet que les thèmes du départ, du voyage, bref de l'ouverture de l'espace, comme du cœur et de l'esprit, animent l'œuvre entière d'une incessante dynamique.

Dans un premier temps nous attribuâmes cette tendance au phénomène de l'exil en Europe (quinze ans tout de même !). Peut-être aussi une double culture, marquée par le français comme langue d'écriture, instaure-t-elle une propension à l'errance de l'imaginaire ?

En règle générale, les écrivains étrangers qui choisissent d'écrire en français s'efforcent de se faire « naturaliser » dans cette langue. Et de s'intégrer à la littérature française, c'est le cas de Ionesco, Kundera, Biancotti, Julien Green ; ils prennent pied dès lors dans cette culture d'accueil et ils y restent.

L'autre cas est celui où ils écrivent dans les langues européennes pour manifester leur spécificité culturelle. Pour la plupart des Africains et des Maghrébins, de certains Antillais, ou encore des Libanais comme Khalil Gibran ou Amin Maalouf, la langue sert de véhicule pour traduire leur réalité propre – leur ipséité pour parler comme Ibn Arabi. Cette entreprise peut conduire certains à infléchir, perturber, voire subvertir parfois gravement cette langue. D'autres au contraire n'utilisent cette langue que pour y manifester leur singularité d'exilé, ou de colonisé. Par exemple Sony Labou Tansi et Kourouma en Afrique, Raphaël Confiant et Chamoiseau aux Antilles. Car il s'agit pour eux d'exprimer toutes les nuances d'une culture aux antipodes de celle de Descartes et Voltaire.

Ainsi la littérature négro-africaine révèle des poèmes, des romans et des pièces, le plus souvent centrés sur l'Afrique ou les îles. Et si l'on trouve une réflexion d'ordre culturel ou géographique sur les différents

---

[54] Mais où le travail est effacé, dirait Valéry, la poésie étant ascèse jusqu'au Dieu muet, complète Monchoachi, poète antillais.

pays traversés, elle se résout toujours par un retour à soi, au terroir et à la culture d'origine.

En ce sens, nombreux sont les « passeurs » selon le joli terme d'Alain Ricard ; Cheikh Hamidou Kane, Nourredine Farah, Rabearivelo, Soyinka, Waberi, Achebe, Henri Lopes autant qu'Hampate Ba, peuvent revendiquer le compliment que Alain Bosquet adressait naguère au seul poète Senghor : « je découvrais une vibration inconnue pour moi, un vocabulaire qui roulait ses rocs et ses écorces, un esprit qui ne correspondait pas à celui de mes latitudes, (mais) comme vous écriviez dans ma langue je n'avais aucun mal à assimiler vos soucis et vos enthousiasmes (….). Vous me forciez de me désincarner un peu pour m'incarner en ce que vous êtes (…). C'est donc l'Afrique tout entière qui me vient en poèmes ».

Cependant il me semble que Senghor est un cas unique : d'une part il investit l'espace européen et la langue de France, et d'autre part il manifeste l'Afrique dans toute son étendue, dans toute son histoire. Il se refuse à vraiment choisir. Il repousse les limites, mieux, il les dépasse, il les abolit.

Comment cela se traduit-il dans ses textes poétiques ?

Lorsqu'on les relit sous cet angle, on remarque que nombre de ses poèmes contiennent un va-et-vient mental quasi ininterrompu entre l'Europe et l'Afrique. Son esprit est sans cesse sur les routes. D'ailleurs il écrit : « *on m'a nommé l'itinérant* ». Ses poèmes sont remplis de messages, de courriers, de cavaliers qui vont porter des dépêches, des récades et, ou, des épîtres tous azimuts… le poète semble sur le point de partir, soit dans le « *long sifflement du départ des gares* », soit « *sur les paquebots qui l'emportent* », soit encore sur son avion de président, la Flèche des Almadies. « *Mon peuple m'attend pour les élections* » : ou au contraire « *Ambassadeur du peuple noir me voici dans la métropole* ». Ainsi se dit-il sollicité au fréquent déplacement : « *m'appelaient au loin les affaires de l'Etat* ». Au point qu'on pourrait parler d'une poétique du voyage, voire d'un nomadisme littéraire.

Est-ce seulement la charge de député, puis de président qui marque ainsi sa poésie, n'est-ce pas aussi l'héritage nomade d'une grand-mère peule ?

Car comment expliquer que son pays d'origine, son village même, semblent marqués, eux aussi par « *l'ailleurs* » ? Pour situer le Sine-Saloum, Senghor nomme les pays frontaliers « *entre Gambie et Casamance les pays hauts* » pour le qualifier il le décrit « *entre l'enfance et l'Eden* », « *pays d'eaux et de tanns et d'îles flottant sur les terres* », ou plus précisément « *ma Mésopotamie* ». Il est exact que Senghor est helléniste et que le Sine se trouve entre deux fleuves... mais tout de même, les connotations de Mésopotamie, dans l'espace comme dans l'histoire, permettent à l'imagination un bond spectaculaire !

Assez surprenantes aussi sont les évocations de paysages sérères et français mêlés qui se côtoient dans un même poème : ainsi « *Tanns de l'enfance tanns de Joal et ceux de Djilor en septembre, nuits d'Ermenonville en Automne...* » ou encore
« *Laetare par (...) la transe des danses sérères
Seigneur laetare dans mon cœur comme un dimanche d'Europe au réveil* ».

Tout se passe comme si, lorsqu'il est dans un hémisphère, le poète convoque l'autre par la pensée, abolissant la distance qui le sépare tantôt de l'Afrique, tantôt de l'Europe. Au point qu'il se trouve très rarement tout entier quelque part.

Ce besoin mental de reculer les bornes de l'espace est-il dû à l'exiguïté du village d'origine ? Ou au contraire l'immensité de cette savane prépare-t-elle l'esprit au voyage, aux chevauchées que rien n'arrête ? On peut s'interroger ? Maunick remarque de son côté « *l'universel n'est-il pas le local sans les murs* » ? Et Césaire n'invoque-t-il pas « *le bris de l'horizon* » ?

« J'ai besoin de faire retraite dans les marches du fleuve » écrit Senghor plus discrètement. Souvent, le poète franchit ainsi le Saloum et dérive vers le Sud : le Gabou, Elissa, d'où partirent ses ancêtres vers le Sénégal. Constamment le poète s'y reconduit en pensée comme pour raviver le lien ombilical avec la souche familiale. Innombrables sont les allusions à la noblesse Guélowar et à Sira Badral, la princesse qui conduisit la caravane depuis le Gabou jusqu'en Sine. Ce véritable « mythe d'origine » du poète se situe donc déjà au-delà des frontières méridionales du Sénégal natal. Le père Gravrand nous en a fait l'archéologie dans son ouvrage sur la civilisation sérère (Dakar, NEA).

Il y a le Sud mais il y a aussi l'Est du Continent. La diversité de ses références concernent surtout l'évocation de personnages et d'objets culturels : les parchemins de Djenné, les docteurs de Tombouctou, les tentes de Tagant, les meubles de Guinée, les pagnes du Soudan, les devins du Bénin, les prêtres de Poëre (mossi), les parfums de Pount (Nubie), les prêtresses du Vaudou, les Kraal d'Afrique du Sud, le Kaya-Magan de l'empire du Wagadou. Et jusqu'au Maroc il rêve de « Mogador aux filles de platine » ; et à l'Ethiopie dont il écoute la flûte amébée d'un pâtre, et pour qui il écrit son *Elégie pour la reine de Saba*.

L'Ethiopie et l'Egypte sont du reste les pôles de la rêverie senghorienne. Avec régularité, ces deux pays reviennent sous sa plume, lieux de mémoire et de civilisations prestigieuses, anciennes et nègres. Concernant l'Egypte, l'influence des thèses de Cheikh Anta Diop fut puissante sur le poète comme du reste sur tous les intellectuels négro-africains. La grandeur nègre dans l'Afrique antique est un thème presque obsessionnel. A propos de l'Ethiopie, Senghor fantasme sur l'étymologie grecque (æthiops = noir) et la tradition biblique qui stipule que la reine de Saba était noire et si riche que le roi Salomon en conçut jalousie !

Mais comment expliquer cette boulimie de l'espace ? Cette gourmandise géographique surprenante et polarisée cette fois sur les routes de l'eau :

« *Ah ! boire les fleuves : le Niger, le Congo et le Zambèze, l'Amazone et le Gange.*
boire toutes les mers d'un seul trait nègre sans césure... »
(...) « *Mon cœur est toujours en errance, la mer illimitée.* »

Cette fois, le « limes » africain est franchi, à gauche comme à droite ; c'est l'Amérique et l'Asie, où il prend pied avec l'intention d'aller plus loin, « toutes les mers » dit-il ...Certes le motif de l'eau est très présent chez Tchikaya, Tati Loutard, Césaire, Carrère, Maunick, ou encore Saint John Perse, et il apparente secrètement les riverains des îles, des mers, des fleuves...

Mais pourquoi cette fascination pour les Alizés ? N'est-ce point parce que les vents voyageurs relient Açores et Canaries, Métropole et Gambie, rivières du Nord et phare des Mamelles ? « *Ah ! mes amis voici les alizés, les vrais Alizés sur leurs ailes, mer et ciel, comme des anges* ». Les vents, non plus, ne connaissent pas de frontières.

Autre thème de voyage : les femmes. Pourquoi le poète choisit-il pour en parler, les attributs de la différence ? Pour fausser les pistes ?
Faut-il rappeler les allusions aux Vikings à propos de celle qu'il surnomma Princesse de Belborg. « *ma blonde, ma normande, ma conquérante* » et dont « *les courriers vont plus loin que Gambie, plus loin que Sénégal...* ». Le poète prend soin d'augmenter les distances qui le séparent de son épouse, comme s'il avait besoin que l'espace se dilate pour mieux soutenir sa rêverie.

De même il rebaptisera les belles Sénégalaises de Crétoises, d'Ethiopiennes, de filles de Jérusalem... que dire d'images étranges associant parfois les deux races, et témoignant cette obsession d'abolir les frontières épidermiques ;

« *J'ai vu le soleil se coucher dans les yeux bleus d'une négresse blonde* »

Ou encore : « *l'aïeule noire, la claire aux yeux violets* »

Ou ses penchants alternés entre Soukeina et Isabelle...

A cette vision poétique correspond sa théorie du métissage qui se comprend plus aisément, dans cette suppression des limites raciales. Mais la femme, pour le poète, c'est aussi l'évasion hors de l'espèce, autre frontière ; tantôt vers l'animal[55], tantôt vers la plante, tantôt vers la divinité.

Voici la femme-fauve :

« *Ah que tu me foudroies de tes éclairs jumeaux*
formidable douceur de leur rugit
délice inexorable de leurs griffes[56] *!* »

Voici la femme plante :

« *Ma corolle est ouverte, mon plus que frère, mon beau prince Abeille* »

Et maintenant la déesse :

« *Je contemplerai les choses éternelles dans l'altitude de tes yeux...* ».

Car la femme est aussi cette porte qui ouvre sur l'infini... « *Femme-sésame* » dit-il.

J'ai dit ailleurs que la femme est mythe pour le poète Senghor et qu'il la nomme Soukeina, Isabelle, Naëtt ou Belborg, c'est en elle qu'il trouve refuge ; masque pongwe (Gabon) ou statue sao (Tchad), c'est la « *Calme déesse au sourire étale* », dont la « *tête s'élève au-dessus des monts* ».

Elle l'arrache aux contingences du corps, des races, du monde terrestre.

Et si, à présent, suivant la piste, l'on considère la notion du temps de notre poète, là encore on trouve l'annulation subtile des limites qui séparent :

---

[55] G. Deleuze a bien analysé les connotations du devenir animal dans son ouvrage *Mille Plateaux*, édition de Minuit.

[56] Senghor est lui-même, à l'occasion, oiseau-serpent, ou panthère, buffle, lion.

> *« Je confonds toujours présent et passé*
> *Comme je mêle la Mort et la Vie*
> *Un pont de douceur les relie ».*

A d'autres endroits, le poète se situe au »printemps du monde » ou encore « au temps primordial » ; ailleurs il écrit : « *claire nuit blonde* », et aussi « *mais c'est midi et c'est le soir* »…

Il y a toute une étude à faire sur la fluidité du temps chez Senghor ; sur ce point plus encore qu'à propos de l'espace, il y a un va-et-vient perpétuel entre le passé/présent/avenir, avec des débordements sur l'au-delà, la renaissance, l'éternité.

Que faut-il en induire ? C'est une conception de l'existence perçue comme un continuum, marqué seulement d'incidents (et d'accidents) heureux ou malheureux. Les épitaphes que le poète s'est déjà soucié de composer sont significatives : il s'y ménage une survie rêveuse et tendre. Pensez aux visions affreuses de Baudelaire décrivant la mort ! Senghor, lui, murmure :

> *« Quand je serai mort mes amis couchez-moi sous Joal*
> *l'ombreuse*
> *…qu'au loin j'entende rouler l'eau la nuit*
> *bercement doux de l'océan*
> *je dors et ne dors pas*
> *je bois le lait le vin de la nuit*
> *la rumeur doucement qui tient éveillé… »*

Et ailleurs il précise que le cimetière de Joal est commun à tout le monde, aux catholiques, aux musulmans, « et c'est là chose admirable »[57] abolition donc aussi des frontières religieuses.

Le poète rejoint une donnée culturelle africaine – et singulièrement sérère – extrêmement résistante. La survie des trépassés n'est jamais mise en doute, et comme ils sont censés demeurer sur place, invisible population du village doublant celle qui se meut, visible et tangible, la notion de limite entre vie et mort s'évapore ; celle du temps présent et passé se relativise. La mort n'est plus une barrière infranchissable mais

---

[57] L. S. Senghor, trois disques RFI – opus cité.

perméable : « *l'âme d'un village battait à l'horizon. Etait-ce des vivants ou des morts ?* », on en revient d'ailleurs sous la forme d'un nouveau-né : « *J'étais moi-même le grand-père de mon grand-père* » écrit notre académicien – et en Afrique ceci ne surprend personne !

« Que peut faire la littérature pour notre bonheur ? » demande Robert Musil. La poésie de Senghor en tout cas peut beaucoup.

Mais il est temps de conclure. Madame Nestopoulos a très justement intitulé son ouvrage sur Senghor : *De la tradition à l'universel*. Nous avons vu à quel point ce mouvement fondamental du poète investissait tous les domaines de sa perception sensible. Mais devant cette volonté têtue de franchir toute borne, toute clôture, reconnaissons qu'il y a un parti pris. « J'ai choisi ma demeure près des remparts rebâtis de ma mémoire, à la hauteur des remparts »[58], écrit-il dans *Chants d'Ombre*, à comprendre au sens propre comme au sens figuré.

N'est-ce pas le choix d'une situation qui autorise, qui favorise tous les départs ? Et qui justifie les métamorphoses par lesquelles le poète se désigne : « l'ambassadeur », « le pèlerin », « le cœur perce-muraille », « le migrant », « l'enfant prodigue », « le métis culturel », et son sang portugais qui se réveille au rythme des saudades, et Chaka le rebelle qui surgit au contact de l'Afrique du Sud ?

Enfin il ne faut pas négliger ses convictions idéologiques. Senghor fut et demeure un socialiste et enfin un chrétien. Sa tendance universaliste déjà présente en 1936, dans le poème titré : *A l'appel de la race de Saba*, cette tendance ne fera que s'accentuer.

Certes lors de *l'Elégie à Pompidou*, le président était en Inde et il était normal qu'il évoquât les Indiens et le Taj Mahal. Mais pourquoi aussi les Arabes, les Juifs, les Indochinois, les Chinois ? Plus récemment et dans un contexte plus douloureux, celui de *L'Elégie à Philippe* son fils, voici qu'il associe les Nègres et Blancs, propriétaires et mendiants, et « L'Arabe, le Maure et le Berbère, le Tutsi et le Hutu... ». Poète sans frontières en vérité.

Remarquons la très grande cohérence intérieure de cet homme avec ses principes politiques. Ses idées s'expriment en poèmes aussi précisément que ses pulsions profondes. Ici l'homme et l'œuvre sont

---

[58] Senghor habitait à l'époque aux limites de Paris, rue Lambardie près de la Porte Dorée, et du Musée des Colonies (au bord du bois de Vincennes) où se résumait l'histoire de l'Afrique – voir ouvrage de J. Sorel, p. 64-65, L.S. Senghor, *L'émotion et la raison*, éd. Sépia.

d'accord ; pour unifier ce qui est divisé, pour rassembler ce qui est séparé. Même puissance d'harmonie. Même exigence de fraternité, même force de dialogue.

Ainsi Senghor, poète dans sa vie comme dans son œuvre, c'est l'être innombrable, c'est le mythe du Phénix, passage de la vie à la mort, d'une race à l'autre, d'un continent à un autre, de moi à toi... C'est la circulation dans le cosmos, la communication universelle, et qui n'est jamais si merveilleuse que lorsque les communicants sont très éloignés. Comme pour les surréalistes que Senghor a bien connus et compris.

Ainsi a-t-il tenté de rapprocher les extrêmes, pour créer « *la mer intérieure qui unit les rives opposées* ».

Ce dernier vers de Senghor pourrait bien, à la réflexion, constituer une bonne définition de son aventure poétique : celle qui augure et inaugure l'homme planétaire.

Conférence prononcée à l'UNESCO pour le 90e anniversaire du poète en 1996. Paris

L'Anthologie de Senghor et la préface de Sartre dans le contexte de l'après-guerre

La libération de l'Europe, par l'intervention des Américains d'un côté et des Soviétiques de l'autre, devait modifier sensiblement le climat et les rapports de l'Europe avec ses colonies. En effet, la victoire provisoire du fascisme hitlérien et ses corollaires : théorie raciste de la supériorité aryenne, utilisation des chambres à gaz et extermination de 6 millions de juifs, persécutions contre les communistes et les francs-maçons, collaboration active avec les nazis du régime de Vichy, de l'Italie de Mussolini, de l'Espagne de Franco, tout cela avait ébranlé les certitudes confortables des vieilles nations. Le haut degré de leur civilisation qu'elles exportaient en Asie et en Afrique n'avait donc pas su les protéger de ces égarements terrifiants. A quoi il faut ajouter les bombardements atomiques d'Hiroshima et de Nagasaki ainsi que les règlements de compte sordides à la Libération. L'Europe prenait conscience de ses facultés de barbarie, comme on se découvre une maladie honteuse.

Les réactions furent assez lentes dans les milieux intellectuels. En 1950, l'UNESCO lance une campagne mondiale contre le racisme en se fondant sur les études d'ethnologie de Claude Lévi-Strauss (*Race et histoire*, 1952) et Michel Leiris (*Race et Civilisation*, 1951), dont on réédite la relation de son voyage de 1936 avec l'expédition Griaule (*l'Afrique fantôme*).

Cependant dès les années 1947-1948, plusieurs revues mettent le racisme à l'ordre du jour. Alain Ruscio[59] signale notamment *les Cahiers socialistes* (n°16-17), *La Revue Internationale* (n°19), qui consacre un numéro à la situation des juifs et des nègres aux Etats-Unis, *La Nef* (n°38), sur l'Afrique noire, *Les Temps Modernes* (numéro spécial sur les Etats-Unis) et bien entendu le numéro inaugural de *Présence Africaine*. Ruscio conclut que « le racisme sous toutes ses formes est désormais banni » ; mais il a fallu attendre 1972 pour que la notion même de race

---

[59] Alain Ruscio, Le credo de l'homme blanc, Bruxelles, Complexe, 1996.

soit contestée scientifiquement par le professeur Jacques Ruffié dans sa leçon inaugurale au Collège de France. Cette contestation est d'ailleurs loin d'être universellement acceptée.

Si le monde scientifique condamnait désormais le racisme sans ambiguïté, le racisme quotidien n'en était pas pour autant éliminé. Alain Ruscio évoque « le divorce accablant de la connaissance et de la mythologie ». Après la guerre, le racisme s'alimente des mouvements de revendication et de révolte dans les colonies : guerre d'Indochine, répression à Madagascar en 1947 (on en trouve les échos chez Rabemananjara et Césaire), répression de Dimbokro et Grand-Bassam en 1950 (évoquée par David Diop), en attendant les évènements du Cameroun et d'Algérie.

L'Empire colonial français se mit à craquer de toutes parts. Il faut ajouter que ce mouvement fut fortement encouragé par les Etats-Unis qui étaient hostiles à la colonisation de l'Afrique et de l'Asie, chasses gardées de l'Europe, et donc inaccessibles à leur besoin d'expansion économique. D'autre part, l'Amérique était favorable à l'émancipation des Noirs depuis la guerre de Sécession (1861-1865). L'assemblée générale des Nations Unies proclamait, le 10 décembre 1948 la Déclaration Universelle des Droits de l'Homme. Par ailleurs, les principes de la doctrine de Monroe (1832), qui affichaient que l'Amérique devait être protégée de toute intervention étrangère, pouvaient s'appliquer ailleurs : l'Afrique aux Africains.

Par ailleurs la participation importante des soldats noirs américains au débarquement de Normandie et aux combats de la Libération, ainsi que les fréquentes unions avec des Françaises, des Belges, des Allemandes…, battirent en brèche les maximes coloniales qui condamnaient ce genre de mariage.

L'ascension de l'URSS, autre libérateur de l'Europe, renforçait de son côté le communisme international qui fut l'un des grands instigateurs des Indépendances africaines. De son côté, la Chine, colonisée depuis 1850, s'affranchit progressivement, avec le Kuo-Mintang fondé en 1911 par Sun Yat-Sen, puis avec la Longue Marche de Mao Tsé-Toung, qui libère la Chine en 1948 ; au Vietnam Hô Chi Minh mène la lutte contre les Français d'abord, puis contre les Américains, qui prennent la relève en 1965.

Après la *Conférence de Yalta,* (1945) où Churchill, Roosevelt et Staline définirent le partage des zones d'hégémonie sur l'ensemble de la planète, la coexistence pacifique des grandes puissances tourna à la guerre froide. L'Afrique et l'Asie, et même l'Amérique du Sud (Cuba, Vénézuéla, Argentine, Nicaragua...) devinrent l'enjeu et le terrain de luttes d'influence entre l'Est et l'Ouest. Ce qui se fit aux dépens des puissances coloniales européennes.

Enfin il ne faut pas sous-estimer les pressions des mouvements syndicaux et du Parti Communiste français. En effet, la CGT et le PCF soutinrent les leaders du RDA (Rassemblement démocratique Africain) au Soudan (aujourd'hui Mali), en Côte d'Ivoire, en Guinée, et aussi l'UPC au Cameroun (le maquis camerounais, pourtant tardif – 1955 – sera armé de pistolets calibre 655 d'origine tchèque). De même, le PC est très actif au Congrès de Bandoeng (1955) qui fait officiellement condamner le colonialisme par 29 pays afro-asiatiques. Dès 1946, les députés communistes votent pour la loi Houphouët sur l'abolition du travail forcé. Et en 1949, Aimé Césaire, soutenu par le PC, obtient de l'Assemblée Nationale que les vieilles colonies des Antilles soient transformées en départements français. C'était une victoire, même si plus tard on devait reprocher à Césaire d'avoir contribué à une politique d'assimilation au lieu d'exiger l'indépendance (qu'il n'aurait certainement pas obtenue). C'est aussi en tant que membre du Parti Communiste que Césaire écrit en 1950 son virulent *Discours sur le colonialisme*.

Cependant, à partir des années 50-60, le PC centre son combat contre l'impérialisme américain. Si sa position sur la colonisation française en Asie reste ferme, elle est beaucoup plus souple, voire tiède, sur la colonisation en Afrique[60]. C'est que le processus de décolonisation avait été amorcé par le gouvernement français lui-même, dès la *Conférence de Brazzaville* : le 8 février 1944, le général De Gaulle y avait annoncé des réformes profondes, dans le cadre de l'organisation de l'« Union

---

[60] Seuls réagirent à la guerre d'Algérie quelques écrivains communistes, comme André Still qui en fit le sujet de trois romans (publiés en 1957, 1960 et 1962) et surtout Henri Alleg, qui, avec *La Question* (1958) livra un témoignage accablant sur l'utilisation de la torture. En revanche, un « non-aligné » comme Maurice Clavel écrivait *Le Jardin de Djamila* et un militaire, Georges Buis, *La Grotte* ; Jean-Paul Sartre et Francis Jeanson aidaient concrètement le FLN algérien ; un anarchiste asocial comme Jean Genet écrivait sa pièce *Les Paravents* (1961) et *Les Nègres*, dont la violence fit scandale dans les milieux parisiens (cf. A. Ruscio, op. cit., p. 337).

Beaucoup, plus tôt , l'attitude de Lucie Cousturier et de son mari avait été moins équivoque : en 1920, ces communistes ne craignaient pas d'affirmer leur solidarité avec les tirailleurs sénégalais de la guerre de 14-18, dans leurs deux récits : *Mes inconnus chez moi* et *Mes inconnus chez eux*.

française », qui aboutirent en 1956 à la loi-cadre (dite loi Defferre) qui accordait l'autonomie interne aux « *Territoires d'Outre-Mer* » ; cette évolution devait conduire les colonies d'Afrique à l'Indépendance, cinq années plus tard.

En théorie donc le principe était acquis, même si dans certains faits l'Indépendance fut parfois arrachée dans le sang (comme au Cameroun ou en Algérie). Reste que bien des blocages se levaient dans les colonies ; les colonisés trouvaient de nouvelles possibilités de s'exprimer : ils avaient pris la parole de force, ou bien on la leur accordait enfin.

C'est dans ce contexte que s'épanouit le Mouvement de la Négritude, avec la publication de *l'Anthologie de la nouvelle poésie nègre et malgache de langue française* de Senghor, la fondation de la revue *Présence Africaine*, celle de la FEANF (Fédération des étudiants d'Afrique Noire en France) et l'arrivée à Paris de jeunes députés de l'Union Française.

Pendant la guerre, à la Martinique, Césaire avait pris la relève des idées néo-nègres avec la revue *Tropiques*. En France occupée, ses compagnons étaient condamnés au silence. Pourtant, dès la libération de Senghor en 1941, le groupe de l'Etudiant Noir se reforma autour de lui et de Alioune Diop. Il s'augmenta de Paul Niger, Guy Tirolien et Lionel Attuly, du Malgache Jacques Rabamananjara, auxquelles se joignirent bientôt les Dahoméens Apithy et Behanzin. Pendant quatre ans, les confrontations sur les problèmes du monde noir continuèrent : « Cela marqua notre personnalité et nous créa une conscience commune », reconnaît Paul Niger. Hélas, sans possibilité de s'exprimer par la voie d'un journal, ni de publier leurs idées, les intellectuels noirs de Paris vont vivre en vase clos et accentuer la teinte romantique de leur négritude. Ils rêvaient du continent noir comme d'un Paradis lointain. Dans ces mêmes années de guerre, à Saint-Louis du Sénégal, un groupe d'instituteurs (Mamadou Dia, Fara Sow, Abdoulaye Sadji, Joseph Mbaye) découvraient Marcus Garvey et Booker T. Washington.[61]

A la libération, Paul Niger et Guy Tirolien, partis aux colonies, découvrent au Soudan « l'Afrique des hommes couchés attendant comme une grâce le réveil de la botte/l'Afrique des boubous flottants comme des drapeaux de capitulation de la dysenterie, de la peste, de la fièvre jaune et des chiques (pour ne pas dire la chicotte)[62] ». Aussi est-ce avec amertume

---

[61] Cf. Mamadou Dia, *Mémoire d'un militant du Tiers-Monde*, Paris, Publisud, 1985.

[62] Paul Niger, « Je n'aime pas l'Afrique », poème daté en 1944, in L.S. Senghor, Anthologie.

qu'ils songent à leurs discussions parisiennes : « Nous avons vécu sur une Nigritie irréelle, faite des théories des ethnologues, sociologues et autres savants qui étudient l'homme en vitrine. Ils ont piqué le Nigritien au formol et ils prétendent que c'est le type de l'homme heureux[63] ».

Paul Niger avait raison sur un point essentiel : tout le passé de l'Afrique, si glorieux fût-il ne pouvait résoudre ses problèmes actuels. Elle ne vivait plus au temps des Askias et des clans bien organisés, mais dans une société coloniale. Le monde environnant aussi avait changé. Il ne s'agirait plus, pour une Afrique libérée, de retourner à son organisation primitive, mais de jouer un rôle constructif dans le monde moderne. Paul Niger – qui fut administrateur des colonies – savait que la technique est l'instrument de la puissance européenne, que son expression soit la poudre à canon, l'électricité ou la machine ; et que là résidait au contraire la faiblesse des pays sous-développés, qui les rendit colonisables. Aussi conseillait-il de s'engager au plus vite dans la voie d'une transformation concrète, qui seule rendrait les pays africains capables de jouer « dans la cour des grands ».

Chez plusieurs donc, la négritude déboucha sur l'action. Senghor est élu député du Sénégal avec Lamine Guèye et, dès 1947, il a des contacts avec Kwame Nkrumah. Jacques Rabemananjara rentre à Madagascar et est également élu par son peuple ; il est impliqué dans le mouvement de rébellion de l'île[64]. Césaire est élu député de la Martinique dès 1945, puis Léon Damas en 1948 député de Guyane. Par la suite, Apithy deviendra député du Dahomey et Behanzin, de Guinée. Alioune Diop également fut un certain temps sénateur du Sénégal, mais il était mieux doué pour une activité plus purement intellectuelle. Aussi quoique cette idée le fit considérer chez lui comme un rêveur, entreprit-il de fonder la revue *Présence africaine*, et, son mandat achevé, il s'y consacra entièrement.

Presque en même temps, Senghor publiait son *Anthologie*. L'année 1948 marquait l'anniversaire de l'abolition de l'esclavage. Ce n'est donc pas un hasard si cette année-là parurent d'un côté des textes choisis de Victor Schoelcher, le célèbre abolitionniste franc-maçon, sous le titre *Esclavage et colonisation*, aux PUF (dans la collection « Colonies et empires », dirigée par Charles André Julien, conseiller de l'Union Française, et lui aussi franc-maçon), et d'un autre côté *l'Anthologie de*

---

[63] Paul Niger, *Les Puissants*, roman sur cette période, Paris, Scorpion, 1958.

[64] A la suite d'un procès scandaleux, Rabemananjara fut lourdement condamné et resta emprisonné jusqu'en 1956.

Senghor, chez le même éditeur. Cette *Anthologie de la nouvelle poésie nègre et malgache de langue française* a fait date dans l'histoire de la littérature nègre, et son influence, se multipliant avec celle de *Présence africaine*, assura au Mouvement de la Négritude un rayonnement international.

En effet, Senghor avait sélectionné les poèmes les plus virulents et les constituait en véritable manifeste contre l'oppression politique autant que culturelle de l'Occident. Cette anthologie était un cri. Elle était aussi comme l'acte de naissance officiel de naissance d'une littérature négro-africaine de langue française, radicalement différente de la littérature française. Inassimilable. Acte de naissance qui était d'abord un acte de divorce d'avec l'Europe.

C'est ce que Sartre a très bien saisi dans sa préface « *Orphée noir* » où il s'adresse aux Européens, non sans ironie :

« Qu'est-ce que vous espériez quand vous ôtiez le bâillon qui fermait ces bouches noires ? Ces têtes que nos pères avaient courbées jusqu'à terre par la force, pensiez-vous, quand elles se relèveraient, lire l'adoration dans leurs yeux ? Voici des hommes noirs, debout, qui nous regardent, et je vous souhaite de ressentir comme moi le saisissement d'être vus.

Jadis Européens de droit divin, nous sentions déjà notre dignité s'effriter sous les regards américains ou soviétiques ; déjà l'Europe n'était plus qu'un accident géographique, la presqu'île que l'Asie pousse jusqu'à l'Atlantique.

Au moins espérions-nous retrouver un peu de notre grandeur dans les yeux domestiques des Africains. Mais il n'y a plus d'yeux domestiques : il y a des regards libres qui jugent notre terre ».

Cette préface de Sartre n'a pas peu contribué à rendre célèbres et l'Anthologie et la Négritude. En effet, le témoignage enthousiaste d'un de plus éminents intellectuels de France en faveur de cette littérature nouvelle la consacrait comme telle, son contenu autant que sa forme, lui assurait sa diffusion et lui donnait droit de cité dans cette Europe même, contre laquelle les écrivains noirs se définissaient. Mais « Orphée noir » a suscité aussi beaucoup de malentendus / il n'est pas inutile de regarder de près les analyses de Sartre.

Sartre définit la négritude comme une manière définie de vivre le rapport au monde qui vous entoure, « qui enveloppe une certaine compréhension de cet univers », « une façon de dépasser les données brutes de l'expérience, bref un projet ». Or, ce rapport au monde, pour le Noir, serait rongé par le racisme et par une histoire :

« Puisqu'on l'opprime dans sa race et à cause d'elle, c'est d'abord de sa race qu'il lui faut prendre conscience. Ceux qui durant des siècles, ont vainement tenté, parce qu'il était nègre, de le réduire à l'état de bête, il faut qu'il les oblige à le reconnaître pour un homme. Or, il n'est pas ici d'échappatoire, ni de tricherie, ni de « passage de ligne », qu'il puisse envisager : un Juif, blanc parmi les blancs, peut nier qu'il soit juif, se déclarer un homme parmi les hommes. Le nègre ne peut nier qu'il soit nègre ni réclamer pour lui cette abstraite humanité incolore : il est noir. Ainsi est-il acculé à l'authenticité : insulté, asservi, il se redresse, il ramasse le mot « nègre » qu'on lui a jeté comme une pierre, il se revendique comme noir en face du blanc, dans la fierté ».

Le contact brutal de l'Afrique avec l'Occident aurait donc modifié la primitive négritude l'ayant augmenté d'une donnée raciale : « C'est le blanc qui crée le nègre[65] », écrit Fanon. Cinquante millions d'hommes arrachés à l'Afrique en quatre siècles, l'esclavage aboli seulement il y a à peu près cent ans, les lynchages et la ségrégation, la misère, les préjugés de toutes espèces... Les nègres gardent de cette expérience un amer souvenir :

« Les peuples noirs ont supporté un ensemble d'avatars historiques, qui sous la forme particulière de la colonisation totale, impliquant à la fois l'esclavage, la déportation et le racisme, n'a été imposé qu'à ces peuples, et à eux seuls, dans l'époque historique objectivement connue.[66] »

Ainsi se créa une « communauté d'origine et de souffrance » qui marque la négritude. Si lourde fut cette hypothèque que les noirs restèrent, jusqu'à ces dernières décennies, incapables de retrouver en

---

[65] Frantz Fanon, *L'An V de la révolution algérienne*, Paris, Maspero, 1959.
[66] « Résolutions concernant la littérature » au deuxième Congrès des écrivains et artistes noirs, Présence africaine, n°24-25, 1959. Voir aussi *Afrique noire, démographie, sol et histoire*, de Louise Marie Diop, Présence africaine, Khépera ; 1996 ;

eux-mêmes l'énergie nécessaire pour la secouer. A l'exception d'Haïti où, en 1804, « *la négritude se mit debout pour la première fois* » (Césaire), toutes les révoltes d'esclaves furent toujours réprimées. Après l'esclavage, le « bon ordre » continua d'être maintenu, en Afrique, par les armées coloniales, aux Antilles, par la faim qui clouait les paysans aux champs de canne et par l'aliénation des élites. Le nègre apprit le fatalisme et la résignation. A cette époque, la négritude prit tous les caractères d'une véritable « Passion », qui se manifesta entre autres dans les negro-spirituals[67].

Mais le noir refuse désormais ce destin imposé par la force, il refuse la servitude, rejette les préjugés qui pèsent sur sa race. Il ne veut pas seulement obtenir droit de cité dans l'univers, mais aussi l'enrichir, comme le spécifie Alioune Diop, le fondateur de *Présence Africaine*.

« Il importe que tous soient présents dans l'œuvre créatrice de l'humanité. La présence africaine s'articulera utilement aux autres « présences » dans la mesure où la personnalité africaine aura su marquer le développement des sciences et des arts du sceau original de nos soucis, de nos situations et de nos génies[68]. »

Il ne s'agit plus, en effet, pour les Noirs contemporains, de retourner à la « négritude, des sources », ils ont à résoudre d'autres problèmes : Mais ils puisent néanmoins leurs forces dans la volonté de récupérer leurs cultures contrariées par la colonisation ; ils s'appuient sur leur histoire, somme de leurs expériences. Ils conservent cette constante de « l'âme noire » évoquée par Delafosse, Hardy, Frobenius, puis Senghor, résultante des cultures africaines ancestrales. Alioune Diop le dira clairement, en une formule qui indique les deux pôles de la négritude en 1959 : « La négritude (…) n'est autre que le génie nègre et en même temps la volonté d'en révéler la dignité [69] ».

Résumons : « L'être-dans-le-monde du noir » identifié par Sartre comportait les éléments de son identité culturelle et une psychologie caractéristique due à cette civilisation originale ; s'y ajoutaient les cicatrices de la « Passion » de la race, qui resteront sans doute imprimées

---

[67] Très largement diffusés en Europe après la guerre.
[68] Alioune Diop, « Le sens de ce congrès », Présence africaine, n° 24-25, février-mai 1959.
[69] Ibidem.

longtemps dans la mémoire collective. Il englobait enfin – et ceci serait propre aux Noirs du XXe siècle – « l'affirmation hautaine de la race », la révolte contre le racisme et l'impérialisme de l'Occident, et la revendication de l'indépendance politique.

La préface de Sartre lançait avec éclat *l'Anthologie* de Senghor qui présentait seize poètes: Léon Damas, Gilbert Gratiant, Etienne Léro, Aimé Césaire, Guy Tirolien, Paul Niger, Léon Laleau, Jacques Roumain, Jean-François Brièrre, René Belance, Birago Diop, David Diop, J. J. Rabearivelo, J. Rabemananjara, F. Ranaivo.

L'Anthologie présente des poètes déjà un peu connus : Damas, Gratiant, Léro, Césaire, Senghor, Roumain, Laleau, Brierre sont largement représentés, avec leurs meilleurs poèmes, dont certains, comme « *Femme noire* », « *Chaka* », « *Hoquet* », « *Trahison* » ; « *Ma négritude n'est ni une tour ni une cathédrale* » sont devenus les chants profonds de toute une génération. Mais s'y révélaient aussi des poètes plus jeunes : les Antillais Paul Niger (« *Je n'aime pas l'Afrique* ») et Guy Tirolien (« *Prière d'un petit enfant nègre* ») ; les Africains Birago Diop (« *Souffles* » et « *Kassak* ») et David Diop (avec plusieurs de ses « *coups de pilons* ») ; quant aux trois Malgaches l'un, Rabearivelo, était célèbre dans son pays, et les deux autres le devinrent grâce à l'*Anthologie*.

Cependant, dès 1947, Damas avait déjà fait paraître aux éditions du Seuil, une sélection de *Poètes d'expression française 1900-1945*. Elle réunissait Antillais, Africains et Asiatiques dont le seul point commun était d'être colonisés. Trop « large », cette anthologie fut littéralement éclipsée par celle qui manifestait la négritude.

Entre 1950 et 1960, dans le sillon creusé par l'anthologie de Senghor, s'engagèrent une série de jeunes poètes qui surent désormais d'où soufflait le vent. Des thèmes étaient lancés, un ton donné, il fallait tremper sa plume dans l'encre de la négritude. Beaucoup avaient du talent, mais le souffle plus court que leurs aînés ; René Depestre écrivit cependant deux recueils pleins de fougue *Minerai Noir* et *Traduit du grand large*. De même E. Epanya, Sengat Kuoh, Ray Autra, Bernard Dadié[70], Paulin Joachim écrivirent des poèmes révolutionnaires, pleins de vigueur mais sans lendemain. Cette poésie de combat était très proche de celle de David Diop ; cependant que Georges Desportes accordait sa lyre

---

[70] Bernard Dadié devint en revanche un bon prosateur, et son œuvre théâtrale rivalise avec ses récits de voyage.

à celle de Césaire et que Lamine Diakhaté accordait sa kora à celle de Senghor...

On peut donc affirmer que plus que ses conférences et ses premiers recueils, le premier grand acte politique de protestation contre l'Occident colonial, et le plus virulent, fut cette *Anthologie* de Senghor qui résumait tous les sentiments d'une négritude militante, et préparait le *Discours sur le colonialisme* que Césaire écrivit deux ans plus tard.

in *Histoire de la littérature négro-africaine*,
Karthala 2001.

La négritude hier et aujourd'hui

Ce qui a assuré le renommée de Senghor, Césaire, Damas et quelques autres, ce que ces noms évoquent encore pour des milliers d'Africains mais aussi d'intellectuels du monde noir, c'est ce mot de négritude dans lequel se sont retrouvés tous ceux de la diaspora noire, éparpillé de par le monde, mais unis par un même destin.

Pour cerner ce concept dont Senghor s'est fait le théoricien, nous avons jugé instructif de revenir à l'époque où fut réalisé la première analyse du mouvement littéraire de la négritude et les premières tentatives de définitions, les années 1960. Voici donc tout d'abord un extrait de cette étude[71] où sont rassemblés une dizaine de textes (essais et poèmes confondus) où Senghor utilisait le terme de négritude, et où, à la suite, on évaluera les contenus variables de ce terme en fonction des contextes où Senghor le situait alors.

« Dans quelles circonstances avons-nous, Aimé Césaire et moi, lancé, dans les années 1933-1935, le mot de Négritude ? Nous étions alors plongés, avec quelques autres étudiants noirs, dans une sorte de désespoir panique. L'horizon était bouché. Nulle réforme en perspective, et les Colonisateurs légitimaient notre dépendance politique et économique par la théorie de la table rase. Nous n'avions, estimaient-ils, rien inventé, rien créé, rien écrit, ni sculpté, ni peint, ni chanté. Des danseurs ! Et encore... Pour asseoir une révolution efficace, notre révolution, il nous fallait d'abord nous débarrasser de nos vêtements d'emprunts, ceux de l'assimilation et affirmer notre être, c'est-à-dire notre négritude. Cependant, la Négritude, même définie comme « l'ensemble des valeurs culturelles de l'Afrique noire », ne pouvait nous offrir que le début de la solution de notre problème, non la solution elle-même. Nous ne pouvions plus retourner à la situation d'antan, à la Négritude des sources. Nous ne vivions plus sous les Askia du Songhoï ni même sous Chaka le Zoulou. Nous étions des étudiants de Paris et du XXe siècle, de ce XXe siècle dont une des réalités est certes l'éveil des consciences nationales, mais dont

---

[71] *Les écrivains noirs de langue française*, naissance d'une littérature, éd. ULB, Bruxelles, 1963.

une autre, plus réelle encore, est l'interdépendance[72] des peuples et des continents.

Pour être vraiment nous-mêmes, il nous fallait incarner la culture négro-africaine dans les réalités du XXᵉ siècle. Pour que notre Négritude fut, au lieu d'une pièce de musée, l'instrument efficace d'une libération, il nous fallait la débarrasser de ses scories et l'insérer dans le mouvement solidaire du monde contemporain. C'est, au demeurant, la conclusion du Premier Congrès des Artistes et Ecrivains noirs réunis symboliquement à la Sorbonne en septembre 1956 ».[73]

Une culture de mémoire et d'émotion

Dans ce texte, daté de 1959, Senghor répète sa définition préférée : la Négritude est « l'ensemble des valeurs culturelles de L'Afrique noire ». Mais il oppose, aussitôt après, la « Négritude des Sources », c'est à dire la situation dans laquelle le nègre se trouvait avant l'arrivée des blancs en Afrique, à la Négritude actuelle, « instrument efficace de libération ». Par rapport à la Négritude première, celle d'aujourd'hui possède une agressivité provoquée par de longues années de domination. La négritude est donc changeante, elle possède une dimension historique que Senghor n'explicite pas, mais dont il est conscient.
Mais voyons d'autres textes, toujours de Senghor :
« J'ai souvent écrit que l'émotion était nègre. On m'en a fait le reproche. A tort. Je ne vois pas comment rendre compte autrement de notre spécificité, de cette négritude qui est l'ensemble des valeurs culturelles du monde noir, les Amériques comprises, et que Sartre définit comme une certaine attitude affective à l'égard du monde ».[74]

Nous retrouvons ici la première définition de la Négritude, ensemble des valeurs culturelles noires. Mais, en outre, ces valeurs déterminent une spécificité qui différencie le noir du reste des hommes, en tant qu'elle lui donne une « attitude affective » différente.
« Le rythme, qui naît de l'émotion, engendre à son tour l'émotion. Et l'humour, l'autre face de la Négritude. C'est dire sa multivalence. »[75]

---

[72] Idée chère à Senghor et qui exclut toute tentative de ghetto, ou de néo racisme.

[73] Senghor L.S., Rapport sur la doctrine et la propagande du parti, Congrès constitutif, 1959.

[74] Senghor L.S., Psychologie du négro-africain, conférence inédite, sans date.

[75] Senghor L.S., Ethiopiques, Paris, Seuil, 1956, Postface, p.116.

« La monotonie du ton, c'est ce qui distingue la poésie de la prose, c'est le sceau de la Négritude, l'incantation qui fait accéder à la vérité des choses essentielles : les Forces du Cosmos ». Donc attitude affective, rythme et ton spécifiques.

Cette sensibilité spécifique du noir imprime à la poésie africaine un rythme et des qualités propres. Ce rythme monotone, incantatoire, permet de communier avec les forces vitales qui dirigent le monde.
« Ce qui fait la Négritude d'un poème, c'est moins le thème que le style, la chaleur émotionnelle qui donne la vie aux mots, qui transmue la parole en verbe ».[76]

Dans d'autres textes, Senghor revient à la Négritude des sources, à la situation précoloniale, où le noir vivait sans aliénation ; ou bien à ce qu'il appelle le « Royaume d'enfance », époque où il vivait heureux dans son lointain village, hors du contact des Européens. « Nuit qui me délivre des raisons, des salons, des sophismes, des pirouettes, des prétextes, des haines calculées, des carnages humanisés. Nuit qui fond toutes mes contradictions, toutes contradictions dans l'unité première de la Négritude ».[77]

Mais parfois la Négritude désigne sa couleur, sa race méprisée exclue du monde moderne :
« ... *la noblesse au sang noir interdite*
Et la Science et l'Humanité, dressant leurs cordons de police aux frontières de la négritude ».[78]

La négritude de Senghor est alors révolte contre le blanc, refus de se laisser assimiler, affirmation de soi :
« Il en est de l'indépendance comme de la Négritude. C'est d'abord une négation, je l'ai dit, plus précisément l'affirmation d'une négation. C'est le moment nécessaire d'un mouvement historique : le refus de l'Autre, le refus de l'assimiler, de se perdre dans l'Autre. Mais parce que ce mouvement est historique, il est du même coup dialectique. Le refus de l'Autre, c'est l'affirmation de soi ».[79]

---

[76] Senghor L.S., Anthologie…, op. Cit. p.173.

[77] Senghor L.S., Chants d'Ombre, Paris Seuil, 1945, « que m'accompagnent Koras et Balafons », p.50

[78] Senghor L.S., Hosties noires, Seuil, 1942, « Lettre à un prisonnier », p.133.

[79] Senghor L.S., Rapport sur la doctrine et la propagande du parti, op. cit. p.25.

La Négritude d'aujourd'hui

Depuis les indépendances africaines la Négritude a subi tant d'avatars que l'on a tendance aujourd'hui à abandonner ce terme comme un vêtement usé qui a trop servi. Et, certes, Senghor lui-même y est pour beaucoup. Par l'usage excessif qu'il en fit.

Par sa promotion-transformation du concept de négritude en véritable idéologie, non seulement projet culturel mais projet de société, et, comme l'avanceront certains, alibi politique. Les gloses du président furent là-dessus surabondantes ; elles offrirent à ses adversaires une excellente cible pour le critiquer !

Le fait d'avoir été imitée par des maladroits ou des grotesques n'a point aidé non plus à asseoir cette philosophie politique nouvelle qu'était devenue la négritude.

Les intellectuels africains sont sans pitié ! Nés du Mouvement de la Négritude qui leur donna fierté, confiance et combativité, des professeurs d'université comme Marcien Towa, P. Hountondji, Pathé Diagne, Tidjani Serpos, Stanislas Adotevi, Cheikh Anta Diop (pour ne citer que les plus importants) emboîtèrent le pas à Wolé Soyinka le Nigérien qui avait déclaré : « le tigre ne proclame pas sa tigritude, il saute sur sa proie et la mange [80]».

La Négritude comme idéologie fut donc battue en brèche par de nombreux mémoires dont les plus importants furent *Négritude et Négrologues* (éd. 10/18) et *Négritude ou Servitude* (éd. Clé, Yaoundé). Et bien entendu chaque critique littéraire actuel (Mouralis, Hausser, Steins) développe ses réticences lorsqu'il aborde le lion devenue vieux, et chacun y va de son coup de pied de l'âne.

La Négritude fut un concept opératoire pourtant, s'il en fut, et qui ne cesse de renaître sous d'autres formes et à d'autres niveaux. Le terme est rejeté, mais on récupère les contenus. Qu'est-ce que l'attitude du professeur Jeffreys (USA) qui enseigne *l'Afrocentrisme* et le rattachement à la civilisation de l'Egypte noire ? Qu'est-ce que le choix de certains architectes africains d'un style « soudanais » pour des immeubles modernes ? Qu'est-ce que le retour à la polygamie d'un certain nombre de cadres du continent noir ? Qu'est-ce qui justifie leur besoin d'avoir

---

[80] Sur les détails de cette contestation de la Négritude, voir Histoire de la littérature négro-africaine, Karthala, 2001.

beaucoup d'enfants, malgré les chiffres qui dénoncent la croissance démographique affolante dans les cités africaines ?

Senghor vous répondrait : « les valeurs culturelles du monde noir », c'est à dire la Négritude.

Qu'est-ce qui explique la tendance qu'éprouvent les hommes politiques africains à s'entourer trop souvent de leurs proches jusqu'à pratiquer ce qu'on appelle le népotisme ? Rien d'autre qu'un sens très fort de la famille, valeur culturelle africaine. Qu'est-ce qui leur enjoint, aussitôt qu'ils sont à la tête d'un service, d'une entreprise, d'un institut, d'un ministère, de se comporter d'une certaine manière, en contradiction fréquente avec leurs principes démocratiques auparavant affirmés et proclamés ? La conception du chef, l'image de l'autorité que se fait l'Africain moyen et qui est lié à son histoire séculaire (ô Pharaon, roi divin !), valeur culturelle du monde noir.

On dira aujourd'hui de préférence : réflexe féodal, ou structure archaïque, ou habitude traditionnelle, ou culture nationale... ou encore, identité africaine.

Est-ce plus précis ? Seuls ont changé les mots pour dire « chassez le naturel, il revient au galop ! ».

Il demeure aujourd'hui que les intellectuels sont divisés sur la priorité à accorder à cette négritude-identité-civilisation, et que certains s'interrogent davantage sur l'avenir économique, sanitaire, alimentaire même des populations africaines.

Car primum vivere, n'est-ce pas ?

Et le problème crucial qui se pose est celui de l'articulation de cette identité culturelle avec les nécessités du développement, voire de la survie des pays d'Afrique dans la mondialisation.

Paru dans *Diagonales* n° 28 octobre 1993.

Senghor, la Négritude et la Francophonie, au seuil du XXIe siècle

Il est extrêmement difficile, de se prononcer sur le cheminement du Président Senghor lorsqu'on le définit par la Négritude et la Francophonie. Car rien que cette indication est déjà si tendancieuse et contient une interprétation idéologique si précise qu'il n'est pratiquement plus besoin que d'illustrer le paradoxe qu'elle recèle implicitement.

Je n'ai jamais vu, pour ma part, une réelle contradiction entre ces deux pôles de la pensée senghorienne. Selon les époques et les nécessités, notre poète embouche l'une ou l'autre trompette ; nègre parmi les nègres, francophoniste parmi les francophonistes, un peu comme le missionnaire qui disait qu'il fallait être Chinois avec les Chinois !

Il faut cependant se souvenir de l'Histoire : c'est tout de même Senghor qui, en même temps que Césaire et Alioune Diop, créa le concept de négritude avant 1945, qui lui donna un contenu précis, racial et culturel, et qu'il ne cessa d'enrichir jusqu'à en faire « la pensée de l'action », la théorie de sa politique.

La Négritude, cela fut donc d'abord un peu sa chose, il en a été tout à la fois le héraut et l'emblème, le professeur et l'artiste.

Il a été celui qui donnait les repères, les paramètres de la négritude dans une œuvre poétique (voyez toutes ses préfaces), dans un tableau ou un masque, dans un spectacle ou un immeuble (ô le parallélisme asymétrique !). il en a développé les tentacules de livre en livre jusqu'à lui donner la dimension d'une idéologie.

Bref s'il est un philosophe de la négritude c'est, avant tous les autres, Léopold Sédar Senghor. Il a fasciné ainsi toute une génération d'intellectuels africains qui ne s'arrachèrent qu'avec efforts (et parfois violence et injures) à son discours de charmeur de serpents !

Car le « discours » sur la négritude fut certes l'aspect le plus connu et le plus développé de la pensée senghorienne. En dessous, en beaucoup plus discret, plus secret, il y eut le « vécu ».

Le vécu de la négritude, nombreux sont ceux qui le nièrent chez notre président. Nombreux ceux qui l'accusèrent de ne manier que des mots et des concepts, pour orner ou dissimuler un vécu européen.

Pourtant en vérité, il suffit d'approfondir un peu, dans ses poèmes[81] la démarche de l'imaginaire, le jeu des sons, les références culturelles, pour découvrir le vécu africain de Senghor.

Il suffit de l'avoir regardé « régner » sur le Sénégal durant ces vingt années, de l'avoir vu manipuler amis comme adversaires au gré de ses desseins avec une habileté quasi sans défaut, pour réaliser à quel point il connaissait la psychologie africaine, à quel point il la comprenait de l'intérieur.

Ce qui étonne un peu le profane, c'est cet écart apparent entre le vécu et le discours. En effet le discours idéalisait les cultures africaines, ne faisant ressortir que leurs aspects positifs. Cependant que le vécu senghorien jouait et spéculait avec un extraordinaire réalisme sur les contradictions les plus variées, et les instincts le plus discutables de ses compatriotes.

Senghor évolua ainsi dans les eaux angéliques d'une négritude abstraite, comme dans les flots troubles des tractations politiques locales, avec une aisance qui ne s'explique que par son appartenance profonde à cette civilisation africaine dont à juste titre il se réclame.

Remarquons cependant qu'aujourd'hui le monopole du discours sur la négritude lui a échappé, et que par ailleurs ce concept le cède de plus en plus à celui d'africanité ou de renaissance africaine.

Quant à la francophonie – revenons à l'Histoire – c'est au départ une invention de L. S. Senghor, assisté de Bourguiba et Diori en 1962. A défaut d'une grande fédération africaine, que souhaitait Senghor, il obtint ces associations par secteurs (Education, parlementaires, enseignement supérieur, etc.) qui maintenaient un lien entre les différents Etats de l'A.O.F et de l'Afrique centrale. La francophonie fut d'abord considérée par Senghor comme le cheval de Troie qui pouvait introduire la littérature africaine dans les universités françaises : en quoi il avait en partie raison. Les chaires de francophonie à Strasbourg, à Grenoble, à Limoges, à Bordeaux sont les seules où cette littérature a vraiment droit de cité aujourd'hui. Ailleurs, cela tient à la présence, à la bonne volonté d'un professeur. S'il s'en va, le cours disparaît !

Ainsi que cela s'est produit à Aix en Provence avec le départ de madame Leiner ; ou à Montpellier avec la retraite de Jean Sevry et J.P. Richard pour la littérature africaine anglophone.

---

[81] Voir L. Kesteloot « Comprendre les poèmes de L.S. Senghor » éd. St-Paul, Paris 1987

Ensuite la francophonie fut pour Senghor une plate-forme qu'il utilisa dans un but politique. Etat francophone, le Sénégal devint entre ses mains un satellite certes, mais au même titre que le Canada ou la Belgique, pays indépendants pesant davantage en pouvoir économique, avec lesquels il se plaçait cependant sur un pied d'égalité par un statut juridique au sein d'organisations communes : AUPELF, ACCT, CILF, APLF, etc.

Enfin la francophonie sembla devenir son cheval de bataille des dernières années, dans la mesure où à son tour le président fut utilisé.

Voyons les circonstances : Senghor ayant quitté ses fonctions politiques africaines, il s'est retrouvé propulsé dans des structures internationales comme l'Internationale Socialiste, ou hyper-françaises comme l'Académie du même nom. On lui demanda maintes prestations de type officiel en tant que représentant de la francophonie. Et il s'y prêta avec complaisance, car il demeurait un homme de communication.

Il théorisa donc sur la francophonie à la demande, se rappelant à l'occasion son grec et son latin ; mais si on le laissait un tant soit peu dévider l'écheveau de sa quenouille à idées, le président-tisserand vous ressortait les différences entre langues africaines agglutinantes et langues flexionnelles européennes, les Egyptiens dont la formule sanguine est identique à celles des Sénégalais, le plain-chant qui fut inventé par les Négro-Berbères, etc. et il ne fallait pas le pousser beaucoup pour qu'il se mette à vous détailler l'accentuation d'un chant sérère…

* * *

Aussi curieux que cela paraisse, Senghor ne sembla jamais avoir ressenti la Négritude et la Francophonie en termes de déchirement, ni même d'opposition. Et cela paraît si incompréhensible à ses contemporains qu'on l'accusa d'assimilation, ou d'hypocrisie, selon qu'on l'estimait victime du processus d'aliénation culturelle ou complice.

Cette sincère convivialité donc, que Senghor entretint entre ses racines africaines et son amour de la langue française, personne ne voulut y croire, créditant plutôt cet autre poète, le Haïtien Léon Laleau, qui écrivit naguère : « *Sentez-vous la souffrance d'apprivoiser avec des mots de France ce cœur qui m'est venu du Sénégal* ».

Personne ne sembla s'aviser que ces vers célèbres n'étaient peut-être qu'un bel effet littéraire, et que le bilinguisme pouvait être vécu dans le bonheur. Et pourquoi pas ?

Il est vrai que les Lettres Africaines ont été profondément marquées par la frustration et l'angoisse de certains auteurs. Le très beau roman de Cheikh Hamidou Kane a lancé pour longtemps le thème de l'hybridité de la personnalité noire, résultat de l'école étrangère ; de la langue, la culture étrangère. L'agressivité et la revendication des autres écrivains de la Négritude ont fait le reste ; depuis Tirolien dont le petit enfant nègre prie : « *Mon Dieu je ne veux plus aller à leur école* » jusqu'à David Diop qui raille : « *mon pauvre frère... piaillant et susurrant dans les salons de la condescendance* ».

Sans oublier Damas qui ricane : « *Ne vous ai-je pas dit qu'il fallait parler français ? Le français français ?* ».

La langue et la culture occidentales sont présentées comme facteurs de déracinement, d'aliénation, ce fut un des leitmotivs de la Négritude. Et certes il fut de bon ton durant toute cette fin du siècle d'insulter l'ancien colonisateur à travers sa langue. Il y eut une espèce de romantisme de la langue africaine refoulée, sacrifiée au profit du français, que nos écrivains - parfaitement bilingues – clamaient haut et fort. Cependant qu'ils continuèrent d'écrire en français, même après le départ du maître abhorré ; et après eux la génération suivante et la suivante encore en firent autant.

Cette dernière étant beaucoup plus mal à l'aise, la langue étrangère étant moins bien assimilée et l'écrivain se trouvant en situation de diglossie plutôt que de bilinguisme !

Des écrivains « hybrides », on en rencontre beaucoup plus aujourd'hui qu'il y a quarante ans, et ce problème est loin d'être résolu puisqu'on s'obstine à refuser tout statut culturel et scolaire aux langues africaines. La solution pour cette catégorie d'écrivains sera évidemment d'écrire dans ces langues splendides, et c'est d'eux que devraient venir leur émergence et leur restauration.

* * *

Mais revenons à Senghor et à tous ceux qui fondèrent cette littérature africaine francophone. Mongo Beti le révolutionnaire n'avoue-t-il pas sans complexe qu'il écrit en français parce qu'il aime cette langue ? et qu'il ne lui est jamais venu l'idée d'écrire en ewondo ? Joseph Zobel, Depestre, tout comme Olympe Bhely Quénum ne sont-ils pas des stylistes francophones heureux ? – Et pourquoi Dadié n'a-t-il pas écrit, ne fut-ce qu'une pièce en baoulé ? Le français lui suffirait-il pour exprimer son humour si personnel ? Et Tchikaya qui envoyait promener ceux qui lui posaient ce genre de question ?

Plus près de nous des écrivains comme Ken Bugul, Dongala, Lopes, Fantouré, Monenembo, Mabankou, Wabéri, ne sont-ils point eux aussi des francophones heureux ? Nul ne les empêche d'écrire dans leurs langues. D'ailleurs les exemples ne manquent pas, comme ceux de Cheikh Ndao, Saxiir Thiam ou Boris Diop. Ou encore les expériences de synthèse comme Kourouma ou M. Magan Diabaté. Mais le même Diabaté ne reconnaissait-t-il pas lui aussi qu'il « aimait » écrire le français ?

Si l'on s'étonne encore de ce phénomène, il n'est que de regarder, hors de tout contexte colonial ou de contrainte culturelle, un romancier comme Julien Green (américain) qui écrit ses romans en français et les traduit ensuite en anglais ! Ou encore le poète libanais mais francophone Khalil Gibran. Ou Karen Blixen, la danoise, qui écrivit toute son œuvre en anglais. Ou enfin l'algérien Kateb Yacine ou le marocain Ben Jelloun.

Force nous est donc de reconnaître qu'il doit être possible « d'apprivoiser avec des mots de France ce cœur qui m'est venu du Sénégal » ou d'ailleurs. Et que, plus généralement, un écrivain bilingue peut parfaitement s'éprendre d'une langue non maternelle, et préférer s'exprimer dans cet idiome.

Le cas de Senghor paraît donc moins exceptionnel si on l'entoure d'autres exemples pris sous d'autres latitudes. Car enfin pourquoi, seul, le poète nègre devrait-il rester prisonnier de sa seule langue d'origine ? S'il revendique sa liberté, c'est aussi celle d'écrire dans la langue de son choix. C'est une position idéologique que d'exiger que les poètes d'un pays soient fixés dans la langue de ce pays ? Sans doute est-ce en général la norme. Et si cette norme n'est plus respectée, il y a là un problème de politique culturelle qui doit être résolu à d'autres niveaux (édition, public, enseignement, statut juridique des langues).

Cependant sur le plan individuel ne faut-il point garantir pour chacun la liberté essentielle de pouvoir employer la langue de son choix lorsque l'on a la chance d'en posséder plus d'une ? Le poète Hamidou Dia conclut : « il faut écrire dans la langue où on est le plus à l'aise ».

* * *

Et c'est là qu'on s'apercevra qu'en fait Senghor n'a jamais dit autre chose ; que son amour de la langue sérère : « qui chante sur trois tons, tissés d'homéotéleutes et d'allitérations de douces implosives coupées de coups de glotte comme de navette » a coexisté avec son attachement à la langue de Péguy et de Claudel, en bonne intelligence.

Son discours assez redondant sur la francophonie n'était en réalité qu'un transfert politique, à partir d'un fait linguistique accepté depuis qu'il a choisi de préparer l'agrégation de grammaire. Peut-on embrasser plus complètement une langue qu'en devenant de par ses études, spécialiste de cette langue ? Professeur de cette langue ? Et enfin poète dans cette langue ? C'est donc à partir de cet accord intime et ancien, que Senghor par un processus logique défend et illustre le français comme il a défendu et illustré la négritude.

Car le français c'est aussi sa chose. Dans cette langue, il peut tailler la matière fluide de ses poèmes, la forme souple de ses pensées, les mille nuances de ses sensations. Il en fait son instrument docile, mots de France apprivoisés par le poète et non plus apprivoisant son cœur, ce qui est encore une façon de conquérir, de s'emparer de.

Ici, c'est le poète qui est le conquérant, et cette langue obéissante à son vouloir est désormais son trophée pris sur l'adversaire le colonisateur, toujours assez surpris de voir ces étrangers, ces nègres, ces arabes, s'exprimer dans sa langue avec tant de subtilité !

Du reste l'attitude des Français devant les productions littéraires francophones est encore souvent ambiguë, voire méprisante, car n'est-ce pas « il n'est bon bec que de Paris » comme le rappelait narquoisement le Malien Diabaté, cité plus haut.

Mais cela n'empêche pas les littératures francophones de se renforcer, et de s'écarter de plus en plus de la «Métropole». On ne songe plus aujourd'hui à intégrer dans la littérature française une Canadienne comme Anne Hébert, une Africaine comme Aminata Sow Fall, ou encore Maryse Condé l'Antillaise. On reconnaît les différences considérables des cultures d'origine. On accepte qu'elles déterminent – profondément – les productions littéraires, et que la langue utilisée ne suffise plus à les assimiler, à les intégrer dans le giron européen.

Tout ceci n'était guère évident en 1960.

C'est le travail de la notion de francophonie, outil de récupération pour le Centre, outil de distanciation pour la périphérie. Mais c'est un mouvement analogue à celui des galaxies en expansion, les planètes s'éloignent inexorable-ment du centre, et personne ne pourra les y faire revenir.

Que deviendront la Négritude et la Francophonie, au XXIe siècle ? Senghor et Alioune Diop répondraient certes « présentes au rendez-vous du donner et du recevoir ».

Nous ajouterions qu'elles auraient intérêt à s'épauler plutôt qu'à se combattre, sous peine de se voir dévorées toutes les deux par la civilisation anglo-saxonne demain... et sino-japonaise après demain. Le dialogue des cultures n'étant possible qu'à partir du respect, mieux de la reconnaissance mutuelle.

Paru en anglais dans *Research in African Literature*.
Ohio U. Press, USA Bloomington

Senghor et le métissage[82]

Après ce qui précède, on ne peut s'étonner de rencontrer parmi les sujets favoris de la spéculation senghorienne la théorie du métissage. C'est l'une des particularités du poète parmi les écrivains de la Négritude, et qui lui fut maintes fois reprochée par ses adversaires politiques aussi bien que par des intellectuels africains de tous bords.

Sa réflexion a porté sur plusieurs aspects du métissage, et tout d'abord sur ce qu'il a nommé **le métissage culturel**. « Nous sommes tous des métis culturels ».

Ainsi désigne-t-il le processus d'acculturation dû à la scolarisation occidentale recouvrant ou transformant la culture maternelle africaine : « *Vous déclinez la rose, m'a-t-on dit, et vos Ancêtres les Gaulois* ». Hybridation pour certains, aliénation profonde pour d'autres ; ou encore souffrance intime. Tous les intellectuels identifient clairement ce phénomène de biculture. « *Mais je n'efface pas les pas de mes pères ni des pères de mes pères dans ma tête ouverte à vents et pillards du Nord (...) / que mon sang ne s'affadisse pas comme un assimilé comme un civilisé* ».

Senghor est l'un des rares cependant à en distinguer l'aspect positif.

Paradoxalement, il rejoint là, parmi les militants de l'indépendance, l'un des plus révolutionnaires : Frantz Fanon avait mieux que quiconque analysé l'aliénation culturelle du Noir, à travers la langue française notamment. Il disait qu'il fallait revaloriser les cultures nationales. Mais que le Nègre n'en était pas moins héritier d'une civilisation planétaire à laquelle il n'était pas question qu'il renonçât sous prétexte d'un « retour aux sources » interprété sans discernement. Ainsi écrivait-il en conclusion de *Peau Noire, masques blancs* : « Pour beaucoup d'intellectuels de couleur, la culture européenne présente un caractère d'extériorité. (...). Ne voulant pas faire figure de parent pauvre, de rejeton bâtard, l'intellectuel va-t-il tenter fébrilement de découvrir une civilisation nègre ? Je suis un homme et c'est tout le passé du monde que j'ai à reprendre. Je ne suis pas seulement responsable de la révolte de

---

[82] Dans Comprendre les poèmes de L.S. Senghor, éd. Saint-Paul, 1987, oc.

Saint-Domingue. Chaque fois qu'un homme a fait triompher la dignité de l'esprit, je me suis senti solidaire de son acte. »

Evidemment, cette position, sans ambiguïté dans le cas de Fanon qui la situait dans l'universalisme marxiste, fut interprétée chez Senghor comme un symptôme de sa soumission à l'Occident, appuyée qu'elle était par des poèmes comme *Prière de paix* et son goût non dissimulé pour la langue française, langue « de gentillesse et d'honnêteté ».

Un autre témoin de la revendication de cet héritage culturel sans frontière est le jésuite camerounais Engelbert Mveng. Celui-ci avait coutume de dire, à propos de la langue française imposée de force, qu'il ne se sentait pas du tout forcé, encore moins assimilé : « c'est moi qui assimile les langues, et je suis un homme autant de fois que j'en apprends ! »

Enfin, dans le monde catholique de l'époque, rayonne la pensée de Teilhard de Chardin sur lequel Senghor s'appuie ouvertement et qui propose une vision eschatologique d'un monde culturellement et spirituellement unifié. Et Sartre lui-même n'était-il pas persuadé que la Négritude serait un jour dépassée dans la mesure où l'être-dans-le-monde du Noir se fondrait dans l'humanisme universel ?

Chez Senghor cependant, la théorie du métissage culturel s'élargit jusqu'à englober le **métissage biologique**. « *L'anthropologie et l'histoire démontrent que toutes les grandes civilisations sont de métissage, biologique et culturel* » dit-il dans *La poésie de l'action*. Senghor remarque que les grandes civilisations sont métisses. Il cite l'Egypte sémito-nègre. L'Inde négro-aryenne, la France formée de Celtes, de Romains et de Francs ; il chante la Méditerranée, « *nombril qui unit les terres opposées* ». Curieusement, il se sent lui-même biologique-ment métis. « *J'ai poussé en plein pays d'Afrique, au carrefour des castes, des races et des routes..., tu as reçu le sang sérère et le tribut de sang peul. / O sangs mêlés dans mes veines... sans compter la goutte de sang portugais* ». Il a écrit ailleurs des choses plus contestables, attribuant au sang des uns et des autres des qualités spécifiques... dérives sans doute... certainement...

Il faut retenir aussi une prédilection personnelle pour la beauté des *signares*, les métisses de Saint-Louis et de Gorée, et son propre mariage avec une Normande dont le résultat fut le très beau petit Philippe.

Enfin, l'évolution technologique où, grâce à la facilité des voyages, les peuples se déplacent volontiers et se mélangent, laisse présager, à ses yeux, un métissage généralisé que les USA ou le Brésil sont déjà en train de vivre.

Ont encore joué ses expériences du racisme blanc, qu'il s'agisse de celle, un soir, au cinéma, du « *vide fait autour de sa peau* », ou qu'il s'agisse de celle des horreurs du nazisme dont il dit dans *la Poésie de l'action*, qu'elles l'ont « pour *partie amené à la théorie du métissage culturel.* »

En réalité, la théorie du métissage chez Senghor obéit à sa philosophie plus exhaustive de la *complémentarité des races et des cultures*. Elle a été critiquée du reste assez âprement par des philosophes africains comme Marcien Towa[83], Stanislas Adotevi, Pathé Diagne (toujours les mêmes !).

Mais Senghor a ceci de particulier que, s'il dialogue avec tous, il n'est influençable, idéologiquement, par personne. Et l'on peut parier qu'il emportera dans la tombe sa conviction profonde que le métissage constitue le meilleur remède à l'antagonisme des races et des peuples ; la meilleure route « *vers l'égalité de peuples fraternels* ».

Dakar, 1986.

---

[83] Marcien Towa estime que, sur ce sujet, Senghor est vraiment un piètre penseur. A propos du métissage aux Antilles, nous recommandons l'étude de Roger Toumson paru chez PUF.

Senghor et le rythme

« *Le poète fait transparentes toutes choses rythmées* ».

C'est sur cet aspect de sa poésie que Senghor a le plus spéculé. On connaît ses idées constamment répétées à ce sujet : le rythme, sceau de la négritude, sa monotonie caractéristique, le rythme du poème analogue à celui du tam-tam, le rythme du poème analogue au chant traditionnel (*woï* en wolof, *kim* en sérère)… Ainsi, parlant de façon plus précise du rythme binaire, il donnera pour exemple un chant wolof : *Yagana/Yagana/Yagana/Degele*[84] etc. qui reproduit l'alexandrin scandé en quatre parties égales, avec, parfois, un temps supplémentaire.

Or le discours senghorien occulte la variété infinie de ses propres rythmes et si l'on s'exerce à retrouver le chant sérère ou le « tam-tam monotone » dans ses poèmes, on rencontre l'impasse : les versets du poète ne sont, à les lire ou les entendre, pas du tout réguliers, oscillant entre 6+8, 8+10, 8+12, 7+8, 4+5, 5+5, 9+10… C'est, à l'écouter attentivement, un rythme très mobile, avec ce qu'il appelle des « syncopes », vers plus courts qui brisent sans arrêt la monotonie, la symétrie. Mais, surtout, ce rythme syllabique se modifie sous l'influence de l'accent d'intensité, qui se révèle lorsque Senghor lit lui-même ses poèmes. Or cet accent est souvent à l'initiale des mots ou des vers et, là, il rejoint la poétique de sa langue africaine. En effet, on retrouve ce phénomène dans l'épopée wolof ou peule [85] plus peut-être que dans les chants ordinaires qui sont en effet très monotones[86] : ceux-ci se contentent la plupart du temps de trois ou quatre vers répétés à l'infini, auxquels on rajoute ou dont on modifie un tronçon toutes les dix minutes. Ainsi, les chants funèbres recueillis par Amade Faye, ou les chants initiatiques recueillis par Salif Dione.

Plus que vers les chants, les poèmes de Senghor tendent donc vers le mètre d'une certaine parole clamée que les griots empruntent pour dérouler l'épopée. Il dit, dans la *Poésie de l'action*, avoir commencé

---

[84] Paru dans *Comprendre les poèmes* de L.S. Senghor, o. c. de Lilyan Kesteloot.
[85] Cf. Bassirou Dieng, *l'Epopée du Kayor*, éd. CREC/ACCT, Dakar ; Amadou Ly, *Samba Guéladio*, épopée peule, éd. Silex, Paris. Unesco ; Ngaïde Lamine, *Le Vent de la razzia*, Dakar, IFAN.
[86] Cf. Raphaël Ndiaye, *La notion de parole chez les Sérères*, Dakar, à paraître – Amade Faye.

d'écrire au lycée selon la métrique française classique, puis, traduisant des poètes négro-africains, s'être aperçu que le vers négro-africain, traduit en français, débordait l'alexandrin : « C'est alors que j'ai détruit tous mes poèmes et, repartant de zéro, que je me suis mis à la recherche d'un vers nouveau, que j'ai fini par trouver dans le verset de Paul Claudel comme de Charles Péguy et de Saint John Perse. C'est pourquoi je n'ai gardé que les poèmes écrits après 1935 ». On peut lire aussi dans *Poèmes*, ses réflexions sur le rythme d'un poème mandingue, ce qui ne nous livre pas encore le secret du sien.

Car tout ceci est beaucoup trop schématique et il faut, si l'on veut sérieusement rassembler les éléments constitutifs de la prosodie senghorienne, commencer par prendre connaissance du travail consciencieux déjà cité de Renée Tillot, le *Rythme dans la poésie de L. S. Senghor*.

Elle étudie non seulement la genèse du verset senghorien, en le différenciant de ceux de Claudel et Saint John Perse auxquelles on l'a trop souvent assimilé, mais elle s'attache aussi au rythme qui ressort de l'accent d'intensité, des cadences syllabiques, des structures syntaxiques (anaphores, répétitions, parallélismes, juxtapositions, interrogations, exclamations, style litanique, etc...) ; elle poursuit jusqu'au rythme de l'image récurrente et au cycle des mots leitmotiv à travers l'œuvre ; elle compare enfin les différentes étapes de certains poèmes que Senghor a retravaillés.

Il reste évidemment à contempler ce panorama par un décodage de l'accentuation des phrases et des expressions idiomatiques que Senghor doit à sa langue maternelle. Ce pourrait être un sujet de recherche pour un linguiste wolof ou sérère, s'il s'avère exact que Senghor parle le wolof aussi bien (ou aussi mal, si l'on en croit ses détracteurs) que le sérère[87]. On y découvrira sans doute que beaucoup d'éléments ou de procédés, que l'on ressent comme littéraires en français, relèvent tout simplement de l'oralité africaine plus que d'un effet littéraire recherché. Cette distinction sur laquelle insiste Mohamadou Kane, est rarement perçue par les critiques occidentaux, et pour cause.

Enfin il reste une influence sur la rythmique de Senghor qui n'a pas été étudiée : c'est celle des troubadours.[88]

On remarquera ainsi chez Bernard de Ventadour une prédilection pour l'octosyllabe lyrique qui joue sur le rythme 7+8 et 9+8. Pour ce dernier,

---

[87] Mais c'est lui qui a écrit : *Ma langue glisse sur nos mots sonores et durs* (p.81).
[88] Cf. par exemple, *les Troubadours, anthologie bilingue*, introduction, choix et version française de J. Roubaud, Seghers, 1971.

par exemple : « *Que s'oblida eis layssa cazer/Per la doussor qu'al cor il vaï* ». (Qu'elle s'oublie et se laisse tomber, tant la douceur au cœur lui vient).

Cette mesure sera d'ailleurs reprise par Chrétien de Troyes : « A nul ne sera fait partage:/Qui a le cœur, qu'il ait le corps ».

Par ailleurs, Rigaut de Barbézieux ou Guiraud de Borneil pratiquaient couramment « le décasyllabe de la canso », différent du décasyllabe épique du type *Chanson de Roland*, car décasyllabe sans césure. « *Qu'a fos ieu mortz qu'en aital mot fablis* (Que je sois mort que sur tel mot faillir), *et puis dame si grand est vostre honnor* » ; c'est un rythme assez régulier qui court tout le long d'un poème, mais bien moins mécanique cependant que celui du vers classique du XVIIe siècle.

Senghor connaît bien les troubadours, comme il le rappelle : *j'ai beaucoup lu, des troubadours à Paul Claudel*. Par ailleurs, toute une partie de son imaginaire amoureux relève de la poésie courtoise. Enfin, il conçoit son poème soit comme un bijou (référence à l'artisan africain), soit comme une inspiration qui ressemble tant à ce *trobar* (trouver) dont le troubadour tire son nom.

Après cet ensemble de recherches qu'il conviendrait d'effectuer, on pourrait revenir aux aperçus de Senghor sur le rythme wolof-sérère, qu'il confond toujours du reste avec le rythme africain en général.

Or, si le tam-tam existe partout en Afrique, les rythmes du Nigéria diffèrent de ceux du Congo et ceux-ci ont peu de points communs avec les rythmes du Sénégal – et même au Sénégal, les rythmes des Diola de Casamance différent déjà sensiblement de ceux des Wolof. Le meilleur test en est la difficulté que les Fang ou les Baluba rencontrent à danser sur la musique de Youssou Ndour, celui-ci ayant abandonné l'afro-cubain passe-partout pour récupérer la cadence des danses populaires wolof. Il faut donc, lorsqu'on cherche le rythme africain des poèmes de Senghor, se rappeler sans cesse qu'il s'agit des rythmes sérères du Sine Saloun.

Dakar, 1986.

Pourquoi étudier Senghor au Sénégal, histoire d'un malentendu[89]

Pourquoi étudier Senghor ?
Parce que c'est le premier poète francophone d'Afrique noire ?
Parce que c'est le meilleur ? Le plus connu ? Parce que c'est un fondateur du mouvement de la Négritude ? Parce qu'il fut président du Sénégal ? Parce que c'est le premier noir à être reçu à l'Académie Française ?
Oui, voilà beaucoup de bonnes raisons sans doute. Des raisons qui tiennent au personnage de Senghor, à la publicité autour de son œuvre, à son rôle politique et culturel incontestable.
Les thuriféraires ne manquent pas, et sur trois continents les thèses savantes s'élaborent tissant leurs toiles pour capturer ses poèmes d'une vie en leurs filets serrés.
Mais pourquoi ai-je envie de parler, moi, de Senghor ? Et d'en parler aux étudiants ? A ceux de l'Afrique profonde ?
Je vis au Sénégal depuis vingt cinq ans, et j'éprouve le besoin d'élucider un malentendu que j'ai maintes fois perçu dans ma carrière de professeur à l'université de Dakar... ou ailleurs.
Souvent, à écouter les Africains, les jeunes, j'ai l'impression qu'ils comprennent mal le personnage L.S. Senghor. Qu'il leur reste étranger. On l'a dit trop occidental, trop francisé ; on lui préfère Césaire. On ne comprend ce dernier pas davantage et même moins, avouons-le. Mais comme il s'affirme violemment anti-blanc, on le croit plus proche, on lui fait confiance. Ces réactions sommaires, primaires, fondées sur quoi ?
Césaire est un très grand poète, certes.
Cependant on l'aime non pour sa poésie mais pour son discours plus radical, pour sa révolte, pour son attitude fondamentale. Et on lui pardonne sa poésie trop difficile, surréaliste, abstraite, hermétique, à cause de ses bonnes intentions nègres. Voilà la vérité.
Tandis que Senghor, il est suspect. Sa femme est française, il affectionne le latin, et il s'en vante. Son cuisinier est alsacien. Il fait du

---

[89] Paru dans *Ethiopiques*, Dakar, 2002.

piano (musique classique) et de la grammaire. Il ne mange pas avec ses doigts.

Césaire non plus, Abdou Diouf non plus, Wade non plus, eux aussi connaissent et aiment le latin, voire le grec. Mais voilà. Ce n'est pas la même chose. Senghor est suspect.

Il faudra vraiment un jour définir les critères du brevet de Négritude. Quand est-on un bon nègre ? Quand est-on un vrai Africain ?

Tous nos intellectuels, Pathé Diagne, Aly Dieng, Doud Sine, C.H. Kane, Houtoundji, Towa, Melone, Belinga, Mudimbe, Lopes, Obenga, Tati, et même Cheikh Anta Diop n'ont-il pas fait leurs études en Europe, souvent avec le latin et le grec ? n'ont-ils pas été marqués par le rationalisme cartésien et parfois beaucoup plus profondément que Senghor ? n'écrivent-ils pas la langue française comme Senghor, n'ont-ils pas des amis français comme Senghor, et souvent des femmes françaises ou étrangères ?

Mais, évidemment, ils n'ont pas tous écrit « que Dieu pardonne à la France » ni prôné la réconciliation de Demba et Dupont.

Péché mortel, Président, ce fut là votre péché mortel ! ce poème aux tirailleurs sénégalais, écrit en avril 1940.

Car il fallait être soi-même en guerre et face à l'Allemagne hitlérienne, pour comprendre cette connivence soudaine entre Africains et Français sur le champ de bataille, ou dans les stalags.

Ne pouvaient vous comprendre que les dits tirailleurs qui vivaient cette singulière aventure.

Comment voulez-vous que vous comprennent ceux qui n'ont jamais touché l'acier de la mitrailleuse ? Ce pardon parut lâcheté, cette union, démission, cette prière de paix, trahison.

N'est-ce pas vrai ?

Je pense qu'une grande partie du malentendu vient de là.

Et dès lors voilà Senghor classé, jugé, condamné, par ces enfants de la négritude qu'il a cependant inaugurée, et qui refusent de le reconnaître.

Définitivement suspect.

Et durant vingt ans, ce jeu de la séduction, où il fera tout, mais tout, pour les convaincre de sa bonne volonté, de sa bonne foi, de sa bonne africanité, de son sincère désir d'édifier une nation aussi solide et indépendante que possible...

Durant vingt ans on se méfiera de lui, on le critiquera ouvertement dans ce Sénégal qu'il avait voulu démocratique et seul pays d'Afrique francophone ou la presse était restée libre.

On tirera à boulets rouges sur la Négritude devenue « idéologie du néocolonialisme », sur sa récupération du culturel par le politique, sur son inféodation à l'Occident, son mépris (caché) des cultures africaines.

Senghor cependant ne disait rien de moins en 1970 qu'en 1960, et rien de plus en 1980 qu'en 1970.

Puis vint Abdou le grand.

Le vrai Sénégalais, le musulman, il mangeait du *tiep* et du *tiakré*, il portait le boubou, il parlait bien wolof. Et l'on s'aperçut avec étonnement que l'inféodation à l'Occident était liée à la faiblesse économique, que cela ne pouvait que s'accentuer avec l'inflation et la sécheresse ; qu'il fallait appeler à l'aide non seulement la France mais l'Amérique, et que c'était la Banque Mondiale qui décidait du prix du coton et de l'huile au Sénégal.

Ainsi sans grammaire et sans piano, les choses allaient aussi mal. Et l'on commença a deviner que peut-être, comme le disait Christophe, alias Césaire, « l'histoire n'a-t-elle parfois qu'un seul chemin pour passer », et que les choix politiques d'un président ne dépendaient pas du plus ou moins haut degré de connaissance de sa langue maternelle.

On commença aussi à réaliser que malgré son faible revenu annuel brut et son absence de pétrole et de mines, le Sénégal avait un prestige mondial, et jouait un rôle de leadership parmi les pays africains tout à fait inexplicable, si ce n'est par le rayonnement de son ancien président, dont le nouveau sut, d'ailleurs, se servir avec tact et intelligence.

Le Sénégal est toujours sur sa lancée de « capitale culturelle de l'Afrique » et malgré la crise aiguë qui le frappe, les colloques, symposiums, congrès et séminaires internationaux s'y succèdent à une cadence de deux à trois par semaine. Un vertige. Un carrousel de colloques ! Le vent souffle à Dakar. Senghor en a fait le carrefour des quatre continents.

Et les Sénégalais ont un sentiment d'enfermement lorsqu'ils visitent d'autres pays d'Afrique.

Le Sénégal est aussi la capitale du livre. Une maison d'édition (NEA) y publie romans, essais, poèmes de toute l'Afrique. Le Sénégal a eu une école de peinture moderne dont une exposition itinérante parcourut le monde et fit l'admiration des connaisseurs. Et, depuis 10 ans, une Biennale Internationale des Arts Plastiques se tient à Dakar.

Le Sénégal possède la seule manufacture de tapisserie où sont réalisées des merveilles vendues en Europe et aux Etats-Unis. Senghor créa enfin le très beau théâtre Sorano, et aussi une école internationale de journalisme.

Aujourd'hui la dynamique culturelle est telle que, sans arrêt et sans stimulation particulière (crédits, etc....) il y a tous les mois des pièces en langues africaines, des semaines culturelles organisées par des pays voisins ou par des écoles locales, des expositions de peinture, des groupes musicaux, des modes vestimentaires : et jusqu'aux sculpteurs spontanés, qui travaillent en plein air sur la corniche et vendent aux passants des visages de pierre expressifs ; comme d'autres vendent leur poisson !

La culture est comme une machine emballée, que personne ne songe à freiner d'ailleurs, puisque dans ce pays on peut tout dire, tout écrire, tout exprimer du moment qu'on en a le courage et qu'on en a les moyens.

Bref le Sénégal culturel est plus vivant que jamais. Et l'on perçoit que l'action de Senghor fut profonde et durable, que son amour pour sa culture, si souvent ridiculisé, si souvent jugé comme futile, voire déraisonnable, a porté des fruits ; que son influence, ses idées se prolongent, au-delà de sa fonction, de sa personne.

Présent ou pas. Senghor est là. Dans cette conception de la créativité nègre, dans cet élan vers l'expression esthétique multidisciplinaire, dans ce statut d'éminente dignité attribué au producteur intellectuel (professeur, écrivain, artiste) et cela même si comme Rimbaud « ses poches sont trouées ».

N'est-ce pas le seul contrepoids au matérialisme qui envahit notre continent, où l'on juge aujourd'hui les mérites d'un individu au poids de son portefeuille plutôt qu'a celui de ses études ou de sa probité ?

Senghor est là enfin dans la poésie. La sienne qui ressort dans les programmes des lycées. Celle des autres toute imprégnée de ses réminiscences, de ses thèmes, de ses formes. Senghor a fait école et quel est le poète africain qui peut ignorer Senghor ? Même s'il s'en détourne, ou qu'il essaye...

Fascination de cette poésie qui a servi de modèle à tant de jeunes s'exerçant à maîtriser leur plume. Qui a bercé tant d'écoliers qui n'ont parfois retenu de toutes les classes que *Femme noire* de Senghor et *les Morts ne sont pas morts* de Birago Diop.

Voilà pourquoi il faut étudier Senghor aujourd'hui et demain. Parce qu'il voulait « le développement pour la culture », et que son projet concernait tout le continent noir.

Enfin parce que sa poésie est un vin fort que l'on partage avec tous le peuples de la planète Terre.

Pourquoi étudier Senghor en France ?

Le professeur Jouamny a fait mettre, en 1987, Senghor au programme de l'agrégation de Lettres. Riche idée. 10 ans plus tard on mit *Ethiopiques* au programme du baccalauréat. Parfait !

Mais nous conseillons vivement aux étudiants, de ne pas s'en tenir là, et d'explorer d'abord les recueils antérieurs.

En effet, pour comprendre Senghor, il vaut mieux lire d'abord *Chants d'Ombre* et *Hosties noires*. Ses premiers poèmes. Plus faciles, plus transparents. Et qui permettent de rencontrer l'enfant, l'étudiant, le conscrit, le jeune professeur devant ses potaches.

« Mes agneaux vous ma dilection
Je ne fus pas toujours pasteur de têtes blondes sur les
                                    plaines arides de vos livres
Pas toujours bon fonctionnaire, déférent envers ses
                                    supérieurs
Bon collègue poli, élégant - et les gants ?- souriant,
                                    riant rarement…
Vieille France, vieille Université, et tout le chapelet
                                    déroulé
Mon enfance, mes agneaux, est vieille comme le monde,
Et je suis jeune comme l'aurore du monde
Les poétesses du sanctuaire m'ont nourri
Les griots du Roi ont chanté la légende véridique de ma
                                    race
Aux sons des hautes koras ».

Voilà, tout Senghor est là, en ces quelques vers. Ces élèves à qui il enseigne le latin au lycée de Tours, ces collègues dont il a appris et respecte (en souriant) les usages, la France profonde de la Province, l'Université et ses pompes, il a tout compris, il connaît les codes.

Mais il n'a rien oublié de ce qu'il est, ni d'où il vient. De ce monde dit archaïque, qui vit encore selon ses Dieux et ses génies, de ce monde féodal dont les griots – trouvères chantent encore les Rois alors qu'on est en 1939, en pleine colonisation, à la veille de la guerre. Bref, le grand écart mental. Senghor joint les deux bouts : l'amour de la grande culture occidentale et la fidélité à ses racines africaines.

Assimiler oui. Etre assimilé non.

Il nous dit : je vous connais, je vous aime bien. Mais je suis différent. Conséquence : respectez-moi. Ceci dit, on peut aller très loin ensemble...

Ainsi en égrenant les poèmes de ces deux premiers recueils on découvre son enfance sénégalaise et villageoise, l'atmosphère bruissante de la famille étendue (25 frères et sœurs !), les nuits étoilées, les paysages sablonneux, la référence à l'histoire des anciens royaumes ; tout cela mélangé au froid et la solitude de l'hiver parisien, à l'ascèse de l'étude et la silencieuse compagnie des livres, au racisme découvert dans les rues ou les cinémas, à son amertume enfin lorsque la France se montra oublieuse ou ingrate envers les milliers de combattants africains morts au Front pour la défendre, dans une grande guerre qui n'était pas la leur, la guerre de 40 contre l'Allemagne.

C'est à travers le sacrifice de ces « Hostie noires » que Senghor prit vraiment conscience de sa responsabilité dans le processus d'émancipation de l'Afrique ; il entre alors en politique, en 1945, à la SFIO et lutte contre la domination coloniale, aux côtés des autres députés noirs du Palais Bourbon comme Houphouët Boigny (Côte d'Ivoire), Modibo Keïta (Mali), Sékou Touré (Guinée), Apithy (Dahomey), Olympio (Togo), Lamine Gueye (Sénégal), etc...

Or en 1956, date d'*Ethiopiques*, Senghor vient d'être réélu pour la quatrième fois. Il a créé son propre parti, le Bloc Démocratique Sénégalais. Il est aussi élu maire de la ville de Thies. Il se partage entre les campagnes électorales et l'autogestion pratiquée dans les pays de l'Union française. Il se prépare très sérieusement à devenir Président du Sénégal.

Il a par ailleurs accompli tout le circuit universitaire. Premier Africain agrégé de grammaire, professeur dans plusieurs lycées français, puis professeur aux Langues Orientales et à l'Ecole d'administration coloniale, il publie ses poèmes au *Seuil* et dans des revues comme les *Cahiers du Sud* ou *Esprit*, on lui demande des conférences ; c'est un homme qui a acquis assurance et autorité. Maturité. Il a juste 50 ans.

Ethiopiques est l'expression d'un homme adulte, maître de tous ses moyens ; ses versets se font plus amples et ses métaphores se muent parfois en énigmes.

Il a perdu sans doute les maladresses de ses poèmes de jeunesse, mais aussi leur transparence, et leur naïveté. Il parle désormais avec une certaine emphase, comme il sied à sa fonction, lui qui se dit désormais « ambassadeur de son peuple ».

Ainsi politiques sont des poèmes comme *Kaya-magan*, *Teddungal*, *Messages* et surtout *Chaka*, et ils sont incompréhensibles en dehors du contexte colonial et électoral de cette période préalable aux Indépendances.

On y sent déjà la fin de l'empire et toute l'impatience du colonisé qui se redresse, et récupère sa dignité ; on y sent aussi l'orgueil du chef investi des voix qu'il représente, des espoirs qu'il incarne, des décisions qu'il va prendre, du destin national qu'il assume d'ores et déjà :

« *Tu es le Doué-d'un-large-dos*
Tu portes tous les peuples à peau noire ».

Le long poème dialogué de *Chaka* est sur ce point exemplaire. Il exprime à merveille le dilemme entre la douceur de vivre (femme, amour, poésie) et la carrière politique qui est ascèse.

Et il faut tuer le poète sensible pour accomplir les tâches du guerrier. Ce n'est qu'au moment de la mort, que peuvent s'exprimer derechef la tendresse et l'amour, après que se soit accompli le sacrifice total de soi. Cette vision – très idéaliste sans doute – de la politique, Senghor l'évoque souvent dans d'autres poèmes. De façon précise dans *l'Elégie des circoncis*, *l'Elégie des eaux* ou encore celle pour *Ayina Fall*.

Mais le premier poème d'*Ethiopiques* en est déjà une longue métaphore, dans ce combat sauvage de l'homme et de la bête ; combat tout intérieur entre ses tendances hédonistes et stoïciennes, autant que de lutte acharnée contre ses rivaux politiques et les instances impérialistes.

La perspective politique qui domine le recueil *Ethiopiques*, n'arrive cependant pas à éliminer les autres thèmes qui forment le terreau, la substance même dont se nourrit la muse de l'écrivain sénégalais.

Et tout d'abord celui de l'amour, qui reprend le dessus, dans *Epîtres à la princesse* consacrées à celle qui sera son épouse. Mais on trouve au détour de maints autres textes, la figure obsédante de la femme, dont on ne sait jamais si elle est blanche ou noire, mère, amante ou sœur. Que ce soit sous forme d'un fleuve immense et dompté, dans *Congo*, ou d'une tendre victime promise au sacrifice, dans *Chaka*, d'une libellule aérienne ou d'une danseuse « lentement virant au flanc de la colline de Bakel » dans *Teddungal*, ou encore de la vierge, fille de notable, au discours policé, dans *Messages*, ou des « grandes filles d'or aux jambes longues » de *New York* ; ou plus mystérieuse, cette femme-totem qu'il appelle « ma sœur » et dont il dit que « ses pieds sont deux reptiles »... Innombrables en vérité sont les métamorphoses de la femme dans les poèmes de

Senghor, et les images qu'il développe pour la décrire vont du plus sensuel au plus mystique :

« *amante aux cuisses furieuses, aux longs bras de nénuphars calmes*
femme précieuse d'ouzougou, corps d'huile imputrescible à la peau de nuit diamantine
toi calme Déesse au sourire étale sur l'élan vertigineux de ton sang »
(*Congo*).

Femme-refuge, femme-cavale, femme-fleur, femme-déesse, tout l'éventail y passe. Le poète est aussi un maître du blason, et un adepte de l'amour courtois.

En parallèle beaucoup plus discret, le thème de l'amitié virile (*Teddungal*, *Messages*) est aussi présent, dans *Hosties Noires*, dans l'*Elégie pour Georges Pompidou*, pour *Jean-Marie*, et *Aimé Césaire*.

L'amour du pays natal est évidemment partout exalté : mais ici le terroir sérère s'élargit à la dimension du Sénégal que le poète parcourt en tous sens, en de longs périples, du Walo wolof au Fouta peul, du pays Kassonké bordant le Mali jusqu'à la presqu'île du Cap-Vert, siège du gouvernement.

Mais il ne fait là que céder à une tendance chez lui très naturelle comme nous l'avons vu : Senghor a toujours et de plus en plus associé le besoin du « retour aux sources » avec celui de la rencontre de « l'universel ». Il abhorre toutes frontières et les transgresse sans cesse, celles de la race comme celles de la géographie. Sérère et Africain, il se réclame de la France et de la Normandie ; il revendique sa goutte de sang portugais (Senhor), comme il se veut héritier de l'Egypte pharaonique.

De même ce paysan, ce terrien, est toujours prêt à prendre l'avion et sa poésie nous entraîne à travers toute l'Afrique et jusqu'au Brésil et aux USA.

Dans un même poème le va-et-vient entre la France et le Sénégal est parfois déstabilisant... pour le lecteur qui s'y perd !

Cette attitude à voyager par la pensée, à s'imaginer ailleurs, fut sans doute encouragée par ses obligations professionnelles. Mais, loin de s'en plaindre, Senghor en fait un tremplin privilégié sur lequel rebondit son inspiration :

« *Les jeunes filles du Sine chansonnaient ma faiblesse*
                                              sous ta voix d'or,
j'ai mémoire de Lanza le Troubadour

quand il chantait les amours d'Halvor et de Dina mon
cœur

mon cœur se prenait au miroir ».

Et ce jeu de miroir, il le jouera à l'infini, passant d'un monde à l'autre, avec une aisance et une souplesse stupéfiantes.

A peine évoque-t-il la rue Gît-le-Cœur, le parc Montsouris et les Tuileries, que trois vers plus loin déjà, il descend les fleuves « au pays de ma mère, ma Mésopotamie où le sel est bien noir et le sang sombre et l'huile épaisse ».

Ubiquité du poète ? Faim d'espaces ? Refus des limites, refus des ségrégations ? De ce qui sépare ?

Il a des phrases étranges :

« Comment vivre sinon dans l'Autre au fil de l'Autre comme l'arbre déraciné par la tornade et les rêves des îles flottantes ?
Et pourquoi vivre si on ne naît dans l'Autre ? ».

C'est toute une philosophie qui s'exprime dans ces propos surprenants. Un besoin irrépressible de participation, de communication, de fusion dans l'environnement, humain, végétal, élémental, cosmique.

De même Senghor écrit « Je confonds toujours l'enfance et l'Eden comme je mêle la Mort et la Vie, un pont de douceur les relie ».

Lorsqu'il s'enfonce dans les hautes profondeurs du sommeil, il rejoint l'autre monde :

« que je respire l'odeur de nos Morts
que je recueille et redise leur voix vivante »

Il affirme ainsi la conception d'une existence sans rupture ; et il n'y a pas plus de barrières entre le mort et le vif, qu'entre l'individu et le groupe, entre l'homme, l'animal, la plante et le minéral, entre le rêvé et le vécu, entre la matière et l'esprit ; vous avez reconnu les grands traits de l'animisme, même vision du monde qui informe les diverses religions africaines. Et qui dépasse de très loin la conscience claire et les choix idéologiques que cet intellectuel chrétien peut en avoir.

Néanmoins c'est très consciemment que Senghor construit son humanisme sur sa volonté d'être un homme de liaison, et qu'il a banni définitivement toutes les formes de racisme et d'exclusion ; quand bien même « La Science et l'Humanité dressent leurs cordons de police aux frontières de la Négritude », Senghor lui, répond, en pleine situation coloniale :

Nous sommes là tous réunis, divers de teint
divers de traits de costume, de coutumes, de langues,
mais au fond des yeux la même mélopée de souffrance
le Cafre, la Kabyle, le Somali, le Maure, le Fân, le Fon,
le Bambara ; le nomade, le mineur, le prestataire, le

paysan

et l'artisan, le boursier et le tirailleur
et tous les travailleurs blancs dans la lutte fraternelle
Voici le mineur des Asturies, le docker de Liverpool, le

Juif

chassé d'Allemagne, et Dupont et Dupuis et tous les

gars de Saint-Denis.

Ce n'était pas évident pour un nègre, d'écrire et de penser cela en 1936. Sur cet acte de foi, il va fonder ses principes politiques, et n'en dérogera pas. Et ses poèmes charrient plus encore cet élan vers l'autre, vers une sorte d'unanimisme, de convivialité, d'harmonie que les épreuves de la vie et du temps ne parviendront jamais à éroder.

Voilà pourquoi il faut étudier Senghor. Parce que sa poésie est belle. Parce que cette harmonie, comme une grande rivière fraîche, irrigue toute son œuvre ; et, soit que Senghor vous apostrophe, soit qu'il murmure tout bas, toujours il dialogue avec vous, avec quelqu'un, ou quelque chose. C'est de la poésie communicante d'être à être.

Et dans notre monde fou, plein de bruit et de fureur, c'est une vraie poésie du bonheur. Rare !

Senghor et la religion
Ambivalence et ambiguïté[90]

On ne peut étudier un écrivain de la négritude en évacuant totalement son idéologie. Celle de Léopold Sédar Senghor est fortement imprégnée de sa métaphysique. Il s'est en effet toujours présenté comme catholique pratiquant. Or, cette revendication est suffisamment rare pour qu'on la remarque : les écrivains de la négritude ont le plus souvent réagi contre le christianisme qu'ils assimilaient sans nuance au colonialisme occidental. Nous entendons encore les invectives de Damas, de Césaire, Paul Niger, David Diop, Mongo Beti, et Oyono.

Mais alors que ses compagnons se livraient à un véritable procès de la religion de l'occupant européen, Senghor n'avait nulle honte de se poser en disciple de l'Evangile. Et il a poursuivi dans cette attitude jusqu'à son grand âge ; lors de la perte accidentelle de ses deux fils, Philippe d'abord, puis Guy, Senghor a enduré l'épreuve : « Je ne l'aurais pas supporté sans la foi » avoue-t-il. Et ce n'est pas de la littérature, bien que cette dernière y puisa largement. La religion est en effet pour Senghor une source d'inspiration féconde.

La mort et la religion sont les deux thèmes qui dominent de plus en plus fréquemment ses *Elégies* : pour Georges Pompidou, pour Martin Luther King, pour Philippe, la mort sera subie sans révolte et reliée directement à la prière. Elle ouvre sur la promesse de la résurrection, sur le ciel du catéchisme : « Comment est-ce le ciel, Georges ? ».

Et avec le temps, il semble bien que la crainte de la mort, (« Ah ! le feu de tes griffes dans mes reins et l'angoisse ») ait cédé la place à une espérance toute chrétienne.

Au fait pourquoi chrétienne ? Puisque dans la tradition africaine « les morts ne sont pas morts », là aussi, il y a survie ; chez les Sérères singulièrement les Morts sont rencontrés souvent, leur baluchon à la main, sur le chemin de leur village[91]. Ils ne restent à coup sûr point ou peu dans leur tombe. Les plus valeureux se transforment en *Pangols*, ces

---

[90] Ce texte est celui de la communication que Madame Lilyan Kesteloot a donnée à Limoges, dans le cadre d'une journée Senghor, le 20 octobre 1986. Il sera repris dans *Comprendre les poèmes de L. S. Senghor* en 1987 aux éditions Saint-Paul.

[91] Voir Amade Faye. *La mort dans les chants sérères*, Maîtrise, Faculté des Lettres de Dakar.

génies tutélaires qu'on honore d'un culte et de libations (mil et lait caillé). Ou bien ils réapparaissent : chez les Sérères, un enfant qui naît, c'est un ancêtre qui renaît.

Senghor se souvient d'avoir tout jeune accompagné son oncle maternel Waly au bois sacré où ils nourrissaient les serpents de la famille... au cimetière aussi, près de Kolnodick, le champ de son père où les morts de la famille étaient enterrés. Ainsi, il est certain que ses conceptions sur la mort relèvent de deux systèmes de pensée, et ses poèmes font allusion tantôt à l'un tantôt à l'autre. On peut dire que cette ambivalence du sentiment religieux est constante dans la poésie de Senghor. Je dis du *sentiment*, de la sensibilité. Non de la religion elle-même.

Senghor en effet se veut très purement chrétien. Il refuse toujours toute allégeance, même mentale ou formelle, à l'animisme familial. Il prétend n'accomplir nul rite et ne porter nulle amulette. Mais certains disent que sa famille « fait ce qu'il faut » pour lui. On parle aussi de bains rituels qu'il accomplirait à Mamanguej, le bois sacré qui jouxte le tann de Joal. Il a reconnu avoir interrogé les canaris[92] de l'autel familial, pour connaître l'issue d'une campagne politique. Mais peut-être ironisait-il encore...

Cependant, ceux qui l'ont connu de près ont remarqué des changements de programme de dernière minute, des voyages projetés depuis longtemps et soudain annulés sans raison pertinente. D'autres l'ont vu s'isoler à proximité des bois sacrés familiaux, du temps où il sillonnait le Sénégal d'un village à l'autre. On dit encore bien d'autres choses. Mails il est gênant ici de parler de ces rites que l'homme refuse d'avouer.

Il est certain que, vivant dans un milieu sénégalais, il a dû être constamment confronté tant à des marabouts débordant de prophéties qu'à des membres de sa famille porteurs de safaras[93] et de gris-gris protecteurs. Il a dû en prendre un peu et en laisser beaucoup. Il a dû faire sa sélection de rites compatibles avec le christianisme. Si bien que l'on ne sait jamais exactement lorsqu'il évoque les « devins du Bénin » ou « l'heure où l'on voit les Esprits », « l'offrande d'un poulet sans tâche », ou le « sanctuaire des serpents », ou encore « son totem » dont on ne peut révéler le nom, on ne sait jamais si ces précisions correspondent à un

---

[92] Canaris : poteries remplies d'eau ; si l'eau est trouble, mauvais augure.
[93] Safara = lotion protectrice.

relation réelle, vécue, remémorée, ou bien s'il s'agit d'un motif littéraire... Car souvent, en effet, Senghor parle par analogie ! Ainsi ce *Chant de l'initié* où il s'agit d'une initiation à l'amour, ou *l'Elégie des Circoncis* où il est question de manière ambiguë, dans la dernière partie, de l'avènement à des charges politiques, ce qui donne un sens tout particulier à l'ensemble du poème.

Quelle prière fait-il à la fontaine de Kam-Dyamé ? N'est-il pas simplement « pius » au sens latin du terme, au sens de respectueux, déférent, dévoué envers ce monde ancestral, pris come une totalité vénérable ? Cependant il faut connaître ces connotations de la religion sous-jacente, locale, car Senghor les utilise à dessein et joue sur les deux claviers de l'interprétation, africaine aussi bien qu'européenne. Dans l'entité religion-famille, son attachement est plus concret, plus vécu envers la famille, même s'il mêle souvent les génies sacrés et les parents de sa race.

En revanche, si l'on étudie les rapports de l'homme au christianisme, ils semblent consonner davantage avec les attitudes du poète. J'ai parlé plus haut de sa réaction devant la mort. Mais ce qui l'a préparé à subir cette circonstance ultime, c'est toute une vie de chrétien pratiquant. Bien que divorcé[94] Senghor n'a jamais cessé de vivre en chrétien : messe entendue le samedi soir, confession tous les trois mois, contacts avec les bénédictins d'une abbaye normande, proche de son domicile. Cependant qu'au Sénégal, il fréquente aussi les bénédictins de Keur Moussa et voit souvent le cardinal Thiandoum, sérère comme lui. De plus, il se plaît à rappeler qu'une nièce de sa femme, Madeleine Marquet, est bénédictine et a fondé un couvent de son ordre au Sénégal.

Christianisme ancien et solide malgré le côté un peu formel des détails énumérés ci-dessus. Certes Senghor a voulu être prêtre, il fut séminariste jusqu'en classe de seconde et – à quoi tiennent les choses – il fut détourné de ce projet par le père Lalouse avec qui il entra en conflit et qui lui trouva l'esprit trop rebelle pour la vie religieuse.

Mais Senghor se souvient encore et avec tendresse du père Dubois originaire de Tinchebray en Normandie ! à qui son père l'avait confié à l'école de Joal ; puis du père Ledoiron à Ngasobil chez les Spiritains, qui dirigeait la chorale et enseignait le latin ; enfin du père Lecock au

---

[94] Son premier mariage fut annulé à Rome, grâce aux bons offices de son neveu Henri Senghor alors ambassadeur dans la ville éternelle...

séminaire qui fut pour lui un guide plus intellectuel. Mais le père Ledoiron fut pour lui davantage un modèle et il encourageait sa vocation.

Vocation qui, si on en croit aujourd'hui Senghor lui-même, semblait surtout émaner d'une ambiance à vrai dire assez romantique. La vie de prêtre, Senghor la voyait avant tout comme incarnant le monde intellectuel, les études, les sciences. Il était aussi séduit par la beauté de la culture chrétienne : le latin, les messes qu'il servait, les chants polyphoniques, les processions, et puis aussi le ciel, les anges... la mythologie du Paradis ! Il avait aussi deux cousines religieuses ; il assista aux voeux de trois jeunes filles métisses dont il se rappelle encore les noms... Mais, avoue-t-il, « aux fillettes qui me plaisaient, je ne songeais qu'à offrir des chapelets ! ». Disons que sa sensualité prit d'abord un tour mystique qu'il garda longtemps et qui explique, peut-être en partie, cette idéalisation de la femme, voire sa religion de la femme, qui sera chez lui récurrente sinon permanente, quelle que soit la personne désignée.

Cependant ces souvenirs parfois puérils ne suffisent pas à mesurer la dimension chrétienne de Senghor. Pour en saisir la profondeur, il faut retourner à ses poèmes qui se muent si souvent en prières. Ses références sont alors le Seigneur, le Christ, l'enfant prodigue... C'est le christianisme qui lui permet de prononcer ces paroles de pardon à l'Europe que les militants de la négritude lui ont tant reprochées (« Prière de paix », dans *Hosties Noires*). Le poète écrit, très souvent, accordé à la liturgie chrétienne : la Toussaint, l'Ave Maria, le Laetare Jérusalem, l'Angélus, « Christ est né hier soir » ; ces fêtes, ces chants, dont le Tantum ergo qu'il connaît encore par coeur, lui sont parfaitement intégrés et ne sont jamais ressentis comme étrangers. On peut affirmer que le christianisme de Senghor est sincère et point superficiel. Il souffre sans doute certains accomodements avec la tradition, mais rien qui soit incompatible avec les dogmes, ni même avec l'esprit de l'Evangile.

Quant à l'Islam, il faut reconnaître aussi que Senghor a eu de très bons rapports avec les confréries mourides et tidjanes, ce qui est encore un mystère pour certains Sénégalais aujourd'hui. Il faut savoir que sa mère était musulmane et que toute une partie de sa famille pratique cette religion. Il éprouva une amitié réelle pour des chefs tels que Hassan II et Bourguiba. L'Islam donc ne constitua point une entrave à son gouvernement et ce n'est pas la moindre de ses performances, dans ce pays à 90% musulman.

Je ne sais si l'on peut pousser plus loin et distinguer une vertu chrétienne dans cette espèce de mansuétude que l'homme politique

Senghor pratiqua durant vingt ans ; à quelques exceptions près, il essaya en toutes circonstances de réduire les antagonismes par le compromis. Il avait l'habitude de dire « je n'ai pas d'ennemis, seulement des adversaires ». Et il est vrai qu'il tenta d'établir un dialogue avec l'intellectuel ou le politicien qui l'attaquait. Certains refusèrent ce dialogue et restèrent sur leurs positions. Mais combien se laissèrent « récupérer » disait-on. S'il n'avait point été chef d'Etat, ces réconciliations eussent été sans ambiguïté. Mais il était chef d'Etat, et l'on ne saura jamais dans quelle mesure le coeur charitable dont elles procédaient justifiait opportunément l'astuce politique.

Il demeure que dans l'Afrique des indépendances Senghor remporte sans contredit la palme de l'humanisme. Dans son pays, point de tyrannie, point de massacre, point d'assassinat politique, point de torture ou de prison à vie. S'il y eut des « bavures », elles ne furent point de son chef, et elles furent peu nombreuses. Et c'est actuellement un des rares pays d'Afrique francophone où la presse soit vraiment libre, et où coexistent sans problèmes plusieurs partis. Si tout dirigeant politique a nécessairement « les mains sales » comme le soutenait Sartre, il faut reconnaître que Senghor a su traverser vingt ans de pouvoir sans tâcher les siennes, ni de sang, ni d'argent.

Quant à sa poésie et à ses connotations, il est indispensable pour les comprendre de tenir compte des soubassements de ce double univers religieux très personnel, qui demeure sa référence et sa préférence.

Dakar, 1986.

Senghor, la femme, l'amour[95]

Parmi les poètes noirs de la première génération, celle de la négritude militante, Senghor est non pas le seul, mais celui qui a le plus consacré de poèmes à la femme. Ces chants d'amour demeureront plus longtemps que les autres, atteignant un registre plus universel que celui du combat racial qui – espérons-le – finira bien un jour par se résorber dans la tolérance mutuelle.

Senghor chante la femme noire comme la blanche et la métisse. Il est parfaitement équitable sur les mérites de chacune. Car, en effet, il les différencie. Pas au point que l'on puisse immédiatement les reconnaître. Mais, malgré les voiles et les savantes métaphores dont le poète prend soin d'entourer l'aimée, on distingue ici (et souvent) Colette la Normande aux yeux de clairière, princesse de Belborg, descendante des Vikings ; là, la gracieuse petite Sérère (ou Peule ?) de sa jeunesse, la fille d'Arfang et de Siga avec ses pagnes, ses coiffures en tresses ou en cimiert, et les pilons de son village ; ou encore la métisse à la peau d'or rouge, la signare à la peau de pain brûlé ; et enfin la Noire, inspiratrice du poème *Femme nue, femme noire* que tous les étudiants africains connaissent par cœur.

Pour évoquer la femme, Senghor possède un trésor d'images et une gamme illimitée d'accents. Du plus doux au plus sauvage. Du plus altéré au plus serein. Relisez le *Chant de l'Initié* dédié à Alioune Diop, mais où le sujet n'est ni Alioune ni l'initiation, mais la découverte enthousiaste ou angoissante d'une femme...Relisez, dans *Nocturnes*, ces chants de chasse où le mâle traque sa proie fugitive. Relisez enfin, les *Lettres d'hivernage* chants d'un amour réciproque apaisé, tout sourire, connivence et nostalgie.

Les recueils de *Nocturnes*, de *Chants pour Signare*, des *Lettres d'hivernage* sont entièrement consacrés à la femme. C'est beaucoup, et, si l'on y ajoute les poèmes épars dans *Ethiopiques* et dans *Chants d'Ombre*, on peut affirmer que la moitié de l'oeuvre poétique de Senghor traite de l'amour.

Il s'agit d'un thème majeur, présent depuis l'origine et dominant l'ensemble de cette poésie, alors que la prose de Senghor, si bavarde

---

[95] Paru dans *Comprendre les poèmes de L.S. Senghor*, éditions Saint-Paul, o.c.

cependant, n'en parle pratiquement jamais. Sur la politique, morale, philosophie, anthropologie, linguistique, peinture, écriture, Senghor disserte à l'infini dans les cinq volumes de *Liberté*, dans la *Poésie de l'action*, dans ses multiples discours. Mais, seul le poème véhicule le flux de ses sentiments. A la femme et de la femme, il ne parle qu'avec des fleurs.

Sa conception de l'amour ? On peut dire qu'elle est « courtoise », au sens que le terme a pris au XIIe siècle en France. Que cela ne surprenne pas, et ne crions pas trop vite à l'influence occidentale. D'abord, parce que plus personne en Occident n'a cette conception des rapports entre les sexes ! Nous sommes au temps de l'amour copain, de l'amour partenaire, au mieux de l'amour compagnon, de l'égalité indifférenciée. La vision de Senghor aurait alors quatre cents ans de retard !

Mais alors, direz-vous, où va-t-il chercher cela ? Chez les troubadours d'autrefois ? Ou encore chez Ronsard et Maurice Scève ? Certes, il les a lus et appréciés, - nous y reviendrons. Mais aussi peut-être parce que cela correspondait et répondait à une donnée très particulière de la société sénégalaise.

Essayons d'être plus précis. Senghor est à la croisée de trois cultures africaines : wolof, sérère et peule. Elles ont la caractéristique commune d'être des cultures féodales, hiérarchisées. Les femmes nobles y ont un statut privilégié, considérées qu'elles sont non seulement comme des biens à acquérir pour la production de la famille, mais aussi comme des personnes ayant des droits, des pouvoirs, des propriétés. Elles sont gages d'alliance entre familles puissantes ou gages de pureté de sang dans la même famille. Elles sont souvent des presque sœurs de leurs époux, car le mariage préférentiel est celui avec la cousine germaine croisée.

Enfin, si la femme, qu'elle soit mariée ou non, reste soumise à ses parents, elle est très libre envers son mari ; elle divorce facilement et n'est en réalité jamais entièrement « domptée ». Chez les Sérères, cela est encore plus vrai que chez les Wolof, et chez les Peuls plus que chez les Sérères. Or Senghor est Sérère métissé de peul. Une femme fut à l'origine du royaume Sérère du Sine : Sîra-Badral, à laquelle Senghor consacre tout un poème et maintes allusions.

Dans ce pays, les femmes ont longtemps commandé aux hommes de castes ou aux serviteurs, elles ont toujours aujourd'hui une influence énorme et une liberté qui n'est limitée que par le qu'en-dira-t-on. Il n'y a donc rien d'étonnant à ce que Senghor, dans ses poèmes, s'adresse à la femme en des termes qui rejoignent ceux des poèmes peuls traditionnels[96]

---

[96] Cf. Alpha Sow, *La Femme, La Vache, La Foi*, Paris, A. Colin, 1966.

ou encore des mélopées sérères[97] où le frère est chanté avec le nom de sa sœur. Il est normal qu'il adopte ce ton plein d'un respect tendre qui tempère le désir, il est normal qu'il appelle l'aimée « ma sœur » ou « ma princesse » ou « noble ».

Cependant, lorsqu'il dit « ma Dame », la référence est bien plutôt le Moyen-Age français, c'est la Dame du Chevalier, idéalisée et inaccessible.

Car Senghor idéalise presque toujours le beau sexe. Et toutes ces femmes concrètes se fondent parfois en une Dame parfaite, espèce de quintessence de la féminité, « Je fabule », dit-il pour expliquer ce phénomène d'abstraction ou de généralisation : Isabelle, Soukeïna, Sopé, Soyan, Nolivé, il serait assez vain de chercher qui ces jolis noms dissimulent. Le poète chante parfois deux ou trois femmes dans un seul poème. Ou encore la silhouette ou le regard d'une inconnue se mélange à la vision d'une personne précise.

Comment savoir ? Est-il si important de savoir ? Ce qui compte, ce n'est pas telle ou telle femme, mais le rapport du poète à la femme, la femme telle qu'il la perçoit ou telle qu'il l'imagine. Car qui reconnaîtra Colette, par exemple, personne aimable et raisonnable, dans la guerrière enchanteresse du type Walkyrie, ou dans la douce Nolivé de *Chaka* en qui le poète la métamorphose au gré de son inspiration ? De même, la fille du gouverneur Eboué semble n'avoir qu'une lointaine ressemblance avec l'onctueuse Sopé des *Nocturnes*. La femme est support d'inspiration plus que sujet du poème. Elle est mythe pour le poète et il faut l'appréhender comme telle, qu'elle s'accomplisse en tant que mythe dans *la Reine de Saba* ou dans l'*Absente*.

Ne cherchons pas des portraits, mais apprécions la capacité étonnante de capter l'éternel féminin dans ses plus diverses nuances. Nul autre poète n'y est parvenu à ce point, à notre connaissance. Sinon peut-être Ronsard ? Mais les mots de Senghor sont plus sincères. Ou Baudelaire ? Mais les sentiments de Senghor sont plus frais. Ou Eluard ? Ou Aragon ? mais les chants de Senghor sont plus profonds. Femme blanche, femme noire, peu importe, toute femme encore féminine soupire en lisant les poèmes pour Sopé.

Afin de préciser la référence à l'amour courtois que nous distinguons dans la poésie senghorienne, nous avons eu la curiosité de feuilleter l'*Anthologie des troubadours* déjà citée à propos du rythme.

Nous y avons recueillis quelques vers éloquents. De l'un : *J'aime la plus belle et la meilleure ! Du cœur soupire, des yeux je pleure ! Je*

---

[97] Cf. Raphaël Ndiaye, *La Notion de parole chez les Sérères*, op. cit.

l'aime tant que j'ai douleur. D'un autre : *Mon cœur est saisi d'amour/ Mon esprit court là-bas, mais mon corps est ailleurs/Loin d'elle en France.* D'un troisième : *Toute la nuit je tourne et m'agite sur le lit/J'ai plus peine d'amour que Tristan l'amoureux.* Guillaume d'Aquitaine, Arnaud Daniel, Bernard de Ventadour, Raimon Jordan, Raimbaut d'Orange ont ainsi cultivé le chant d'amour pour la Dame, la Noble, suivant une sensibilité où notre poète reconnut la sienne.

Michel Hausser remarque que « le fondement de la lyrique amoureuse de Senghor, (...) c'est l'énonciation amoureuse, chanter la beauté de sa belle comme un *djali* ». Mais plus que du griot mandingue ou wolof qui chantera plutôt la généalogie de la belle, l'énonciation amoureuse fut le fait des troubadours et des poètes de la Renaissance. Ce genre porte un nom : le blason, et Senghor le pratique maintes fois.

Enfin lorsqu'on examine le processus du poème courtois, on en perçoit les étapes convenues : évocation de la saison – le plus souvent le printemps - , des fleurs, des chants d'oiseaux ; puis vision de la Dame, de son amour, de son cœur, de son regard ; s'ensuivent les sentiments éprouvés : l'amour, le désir, la joie de servir, la souffrance, la maîtrise (la mezura), l'entente des mercy (pitié), l'appel à se méfier de l'ennemi félon ; enfin, l'obligation du secret. Voilà tout un registre thématique où Senghor a largement puisé tout en l'adaptant (il ne copie jamais) à son usage.

Ainsi, l'évocation du printemps, fréquente dans *Chants d'Ombre*, *Hosties noires*, jusque dans *Ethiopiques*, cède le pas à l'évocation du soir et de l'automne dans *Lettres d'hivernage*. Il cite les fleurs plus souvent que les oiseaux. Et partout la femme est *paysage*, décrit en de multiples métaphores.

Son évocation ne se borne pas au regard (voix, front, paupières et cils, joues, parfum, sourire), mais le poète insiste sur les yeux par lesquels l'amour de la Dame se transmet à l'amant : *la pluie de tes yeux sur la soif des savanes* ; *en regrettant tes yeux couchants* ; *mes yeux dans tes yeux d'Outre-mer* ; *ses yeux grands s'embrument au lever de mon souvenir ; près de mon cœur, l'étrange immobilité de tes yeux ; l'horrible chant des écueils de tes yeux ; (Je) contemplerai les choses éternelles dans l'altitude de tes yeux ; Les martins-pêcheurs plongeaient dans ses yeux.*

Bien sûr il évoque aussi le corps et particulièrement les seins (qui sont du reste plus un élément esthétique qu'érotique dans l'Afrique rurale), les bras, les jambes, ce qui est moins dans le registre des troubadours. Senghor se réfère alors davantage au *Cantique des Cantiques,* voire a la poésie arabe. Cependant, même au plus fort de l'émoi sexuel, il demeure réservé, retenu, pudique, sinon pudibond. C'est que, comme dans l'amour courtois, jamais les sens ne l'emportent sur ce qu'il appelle « le pur de ma passion ». Son amour, son empire est toujours et d'abord celui de l'esprit, et la femme demeure non l'occasion de la chute, mais l'invitation au dépassement de soi.

Ceci n'est ni une conception judéo-chrétienne ni une conception africaine, mais très exactement la conception de l'amour courtois. *C'est de vous dame je le sais/Que me vient tout ce que je dis, / Que je fais de bien.* – Ou encore : *Chaque jour je m'améliore m'affine/La meilleure je sers et adore.* Bertrand d'Astorg après Denis de Rougemont a montré l'influence des troubadours sur les auteurs modernes. Ainsi, Goethe écrira : « L'éternel féminin nous attire vers le haut ».

Autre point où Senghor s'insère dans la thématique des troubadours : celui de la séparation et de la souffrance qui s'ensuit. L'Absente en devient du reste chez lui une image obsessionnelle. Absence physique due au voyage d'un des amants, mais aussi absence morale due à l'inaccessibilité de la dame, comme c'est souvent le cas dans *Nocturnes*. Les modes en sont divers : absence avec promesse de retour, absence comblée par l'amour réciproque, absence muette et inquiète, absence par l'esprit d'une personne bien présente mais qui se refuse, absence immobile de la mort, etc.

Enfin, dernier trait – non le moindre – de l'amour que nous retrouvons chez Senghor : le secret. Le poète courtois est tenu de ne point révéler le nom de sa Dame, il se méfie des « lausengiers » (mauvaises langues), jamais il ne se vante d'une conquête. Ainsi Senghor. Il est d'une parfaite discrétion. Il préserve l'honneur de celle qui l'a distingué pour être « son prince-servant, ou son faux-eunuque, qu'importe » ; il dissimule son identité, lui donne des noms-masques, la cache derrière une abstraction totale ; *Car elle existe, la fille Poésie. Sa quête est ma passion (...) ! La jeune fille secrète et les yeux baissés, qui écoute pousser ses cils ses ongles longs.* Sur ce sujet, il pratique vraiment le « trobar clus » (chant clos) : *notre code est indéchiffrable.*

Pour terminer ce bref aperçu sur la « courtoisie » des poèmes amoureux de Senghor, nous pensons qu'il faut compléter la recherche en l'orientant vers les poètes arabes du Xe siècle comme Ibn Abî Daygham dont B. d'Astorg a remarqué l'analogie avec les troubadours français. Tel le poème, traduit par Louis Massignon :

Nous sommes restés tous deux cette nuit en arrière des
                                                    tentes
Nous nous sommes annuités immobiles tandis que
                                                    tombait l'ombre
Et la rosée

Sous un manteau de Yémen plein de parfum
Ecartant à la pensée de Dieu loin de nous la folle
                              ardeur de la jeunesse
Lorsque nos cœurs en nous se prenaient à battre
Et nous sommes revenus abreuvés de chaste retenue
Ayant à peine calmé la soif de l'âme entre nos lèvres.

Ce poème, par exemple, n'est-il pas tout proche du Senghor de *Nocturnes* ?

Dakar, 1986.

Léopold Sédar Senghor : défense et illustration de la littérature négro-africaine

Il nous paraît impossible de traiter dans une même conférence du poète, du mécène, et du critique littéraire. Comme nous avons abondamment et ailleurs[98] parlé du poète, nous évoquerons quelque peu son rôle déterminant dans la promotion des Lettres et des écrivains africains.

1 - Senghor promoteur des Lettres africaines

Ce rôle, il l'inaugure avec un coup d'éclat : c'est en 1948 la publication de *l'Anthologie de la Nouvelle poésie nègre et malgache*, avec la célèbre préface de Sartre, *Orphée Noir*, qui présentait les poètes de la Négritude.

Mais c'est lorsqu'il devint président du Sénégal que Senghor donna sa mesure en tant que mécène des Lettres africaines.

Il commença par créer un cadre favorable, des institutions et des outils qui favorisaient la promotion de la littérature et des écrivains.

Et tout d'abord pour l'art dramatique, il fit construire le beau théâtre Daniel Sorano sur les planches duquel on monta la *Tragédie du Roi Christophe* d'Aimé Césaire, *Kongi's harvest* de Wole Soyinka, *l'exil d'Aboury* de Cheikh Ndao, *l'os de Mor Lam* de Birago Diop, *Amazoulou* de Abdou Anta Ka ; mais aussi *Macbeth* de Shakespeare, *Tête d'Or* de Claudel, et *Le malade imaginaire* de Molière.

Pour soutenir ces performances théâtrales, Senghor créa un Conservatoire qui forma des comédiens, mais aussi des musiciens et des danseurs.

Il créa ensuite une maison d'édition Les Nouvelles Editions Africaines (NEA) qui ouvrit en même temps plusieurs collections sur le roman, l'essai, la poésie, la littérature orale, le théâtre.

Les NEA acceptaient des ouvrages venant de toutes les origines, Afrique et Europe surtout, mais portant sur l'Afrique.

---

[98] Dans *Histoire de la littérature négro-africaine*, Karthala, Paris 2001.

Mais en matière de littérature, la maison se consacra aux productions africaines. C'est par les NEA que furent révélés des romanciers et surtout des romancières, comme Mariama Bâ, Aminata Sow Fall, Ken Bugul, Mame Younousse Dieng, Nafissatou Diallo, Fatou Ndiaye Sow - , Abdoulaye Kane, Abasse Dione, Roger Dorsinville. Jacques Guégane, Lamine Sall, Gérard Chenêt, illustrèrent le roman et la poésie.

Plus nombreux encore furent les essayistes : Alassane Ndaw avec *La pensée africaine*, Mohammadou Kane avec *Roman et traditions*, Georges Ngal avec son *Etude* sur Césaire, H. Gravrand avec sa *Civilisation Seereer* (en 2 volumes), Pierre Klein avec *l'Anthologie de la nouvelle sénégalaise*, Mamadou Dia avec *Islam et développement*.

Senghor proposait souvent des ouvrages dans la collection des essais. Mais en littérature, il nous laissait tout à fait libre, et le Comité de lecture filtrait la masse de manuscrits, avec une sévérité qui serait aujourd'hui qualifiée d'excessive. Cependant c'était la condition pour sauvegarder la qualité de cette littérature francophone si brillamment inaugurée avec les Editions Présence Africaine, très sélectives, elles aussi. Senghor ne voulait pas d'une littérature au rabais, pas plus qu'il ne voulait d'un enseignement au rabais.

Ainsi lorsqu'il souhaita qu'on introduise la littérature africaine à l'Université, ce qui se fit dans les années 68, 70, il veilla à ce qu'on étudiât les « classiques » : Césaire, Roumain, Mongo Beti, Oyono, Birago Diop, Cheikh Hamidou Kane, Sadji. Ceux dont la langue était élégante, précise, imagée sans jamais cesser d'être correcte. Il n'était pas un adepte du « français d'Afrique », encore moins d'un créole ou d'un « mixte » tel qu'on le voit s'étaler dans plusieurs de nos journaux et romans actuels.

A ce propos du reste, Bara Diouf a largement témoigné de l'exigence senghorienne à propos du journal officiel *Le Soleil*, et de ses remontrances à la vue des fautes de français ou des erreurs typographiques.

Mais revenons à l'enseignement. Sait-on que c'est Senghor qui fit créer les chaires de francophonie aux Universités de Paris 4 – Sorbonne et de Grenoble ? ce fut là qu'on donna les premiers cours de littérature africaine en France. Depuis Paris 3, Nanterre, Cergy, Paris 7, Paris 8, Paris 12 et Paris 13 ont mis la littérature africaine au programme des Lettres Modernes. A option souvent, il est vrai !

Senghor, enfin, créa la *Revue Ethiopiques* qui, malgré une interruption de quelques années, a repris vigueur aujourd'hui sous la direction de Basile Senghor, neveu du président, et d'un comité de lecture universitaire.

Il faut signaler que c'est la seule revue littéraire et culturelle qui ait survécu au Sénégal et sans doute parce qu'elle s'appuie sur la Fondation créée elle aussi par le président ; Fondation qui subsidia des publications de thèses, d'études littéraires, des concours de romans, de nouvelles, de poèmes, grâce à un capital offert par l'Arabie Saoudite à Senghor pour l'action culturelle, et qui demeura affecté à cette action après le départ du président à la retraite. Bel exemple...

2 - Senghor critique littéraire

Un écrivain, un poète surtout, est rarement un bon critique. En tout cas de ses œuvres. Ce sont deux opérations contraires. La création littéraire nécessite l'intuition, la sensibilité, la spontanéité, l'élan affectif. La critique demande l'objectivité, l'analyse, le recul, l'esprit rationnel.

L'écrivain qui parle de son œuvre se trouve à la fois juge et partie. Senghor s'y est risqué parfois ; mais le plus souvent il préfère parler de celle des autres, ou alors de la poésie africaine en général.

Notons que dès les années 39, il théorisait sur l'art africain, entre autres dans le long essai « Ce que l'homme noir apporte » (in R.P. Aupiais et coll. : *L'homme de couleur*).

Mais maints écrits postérieurs : *La poésie négro-africaine* (1951), *Négritude et humanisme* (1964), *Postface d'Ethiopiques* (1956), *les préfaces* à Tchikaya, à Maunick, *La parole chez Paul Claudel, Dialogue sur la poésie francophone* (1979), maints écrits donc spéculent sur les caractères distinctifs de la poésie des noirs et développent ses thèses bien connues (à force de les répéter) sur ce rythme nègre, sur l'image-symbole, sur le sentiment-idée.

Ainsi, lorsqu'il lance un jeune poète comme Tchikaya, avec une préface prestigieuse, que relève-t-il ? que met-il en valeur ? « Le don de la fabulation, comme ses ancêtres, comme dans les contes des veillées noires... la tête du poète est pleine d'images, c'est là sa vertu majeure ».

Ou encore « Les souffrances nègres et d'abord celles du Congo crucifié... ». Ensuite « du désespoir à la révolte, il n'y a qu'un pas, Tchikaya le franchit ». Enfin « il n'empêche, l'espoir luit, tenace, au fond de l'âme nègre... désormais triomphant de la mort, il peut revivre et chanter comme seul peut chanter le nègre ».

Par ailleurs, il va apprécier « ses images touffues, tournantes, tout en rythmes et couleurs » et sa syntaxe de juxtaposition « qui fait sauter les gonds de la logique, les mouvements d'une passion tout en contretemps et syncopes, avec ses redites qui ne se répètent pas, ses parallélismes asymétriques, ses enjambements, ses ruptures et retournements » (*1962 Epitome*). Bref « Tchikaya est un témoin dont l'unique but est de manifester la Négritude ».

Pour Edouard Maunick quinze ans plus tard dans *Ensoleillé-vif,* l'analyse se fait plus subtile. Senghor va y découvrir les marques de l'oralité « le retour aux sources du langage contre l'aliénation de l'écriture » et la « vertu incantatoire, ... le chant, mélodie des mots assemblés et la troisième vertu la plus nègre celle du rythme ». Le fameux rythme asymétrique duquel il offre plusieurs exemples.

Il va s'attarder sur les assonances, les répétitions, la suppression des mots outils, « concision nègre » selon lui, et le « raccourci qui donne à l'expression sa densité et son éclat ».

Ayant affirmé ailleurs que « Le poète nègre pense non en concepts mais en images-symboles », il reconnaît cette faculté chez Maunick où « le poème est vision, réseau de symboles, chaque image est multivalente » et plus loin, que Maunick en associant des choses opposées pratique « la loi nègre de multivalence ».

Enfin il relève au passage une conception nègre de la femme et de l'amour :

« Comme on le voit l'Eros nègre n'est pas érotisme mais sensualité. La plus charnelle... mais c'est dans la mesure où la sensualité s'incarne dans la chair... qu'elle s'épanouit dans la spiritualité... L'amour c'est la défense la plus forte contre la mort, l'expression la plus vivante de la vie ».

Quoi encore ? le pays natal, l'exil, le métissage. Thématique propre à ce poète mauricien mais que Senghor intègre facilement dans la sienne, puisque, dit-il, « Maunick a choisi d'être nègre de préférence. Un nègre qui, parce que profondément enraciné dans et rythmé par la Négritude, s'ouvre à tous les apports complémentaires de l'extérieur... ».

Son regard sur la poésie des autres ne quitte pas la problématique de la Négritude et tout l'éventail des thèmes senghoriens qui se confondent avec ceux des poètes qu'il exalte. Et même chez Eluard, Claudel ou St John Perse, il retrouvera des traits « nègres » par lesquels il expliquera son attirance.

En somme l'activité critique de Senghor en matière littéraire est orientée suivant cette obsession : dans tout poète il remarque ce qui est caractéristique – selon lui – de l'expression du négro-africain : modes de penser, modes de sentir, de parler, d'aimer, etc.

Pourquoi cette obsession (qui en a indisposé plus d'un, comme Tati-Loutard ou Henri Lopes) ? Cela procède je pense de cette volonté constante et acharnée à « revaloriser » l'homme noir, la dignité du nègre, de l'Africain, de sa culture, de sa psychologie, de son corps et de ses manifestations.

« Je déchirerai les rires banania sur tous les murs de France »

écrit-il déjà dans les années 36. Prôner, « manifester » la négritude c'est bien la meilleure façon de déconstruire le mépris séculaire induit de l'esclavage et de la colonisation. Et il le fera sans relâche, en Sérère têtu qu'il demeure, et systématiquement.

Volonté aussi, mais sans doute par méthode et pédagogie, d'opposer cet « être nègre » à l'Occidental.

C'est bien Senghor qui crée le néologisme « l'albo-européen » qu'il bâtit sur « Négro-africain », répondant à Frantz Fanon qui disait : « c'est le blanc qui crée le nègre ». Senghor à sa manière écrit : c'est le nègre qui crée le blanc. Sartre conclura : racisme anti-raciste.

Mais Senghor raciste ? Voyons c'est impensable ! Alors ? de quoi s'agit-il exactement ?

Exactement, c'est la conscience et l'identification précise des différences culturelles, et singulièrement celles qui opposent deux grandes civilisations.

Certes Senghor n'évite pas l'écueil des généralités : à force de le définir – le Nègre est comme ceci, comme cela, etc. – il l'essentialise et il le fixe dans un temps immuable, alors que les hommes changent avec leur époque ; ensuite il crée un paradigme d'homme valable pour toute l'Afrique (et la Diaspora !), alors que nous savons la multiplicité et la diversité des cultures du Continent Noir, sans compter ses dérives et mutations en Amérique et aux Antilles !

Mais Senghor ne voit, choisit de ne voir que les grands traits spécifiques qui différencient ces cultures et ces hommes, des Occidentaux.

Mais n'est-il pas exact que les cultures africaines appartiennent à une même civilisation ? à une histoire ponctuée par les mêmes traumatismes ? D'autres avant et après lui ont relevé ces caractéristiques et pas seulement Gobineau, mais aussi Frobenius, Bauman et Westermann, mais aussi Alioune Diop, Basil Davidson, Roger Bastide[99] même. Chacun pour son secteur relève les caractéristiques communes du Monde Noir. Senghor les rassemble toutes et en fait la Négritude. « Le patrimoine culturel, les valeurs et surtout l'esprit de la civilisation africaine » (1959)[100]. Patrimoine que bien évidemment il s'agit d'adapter au monde moderne, il ne l'a jamais oublié, et à la civilisation de l'universel.

En somme Senghor n'a fait qu'écrire à son tour une psychologie de cette civilisation, à l'encontre de celle de O. Mannoni dans *Psychologie de la colonisation* (Seuil 1950). La théorie de Mannoni se résumait à ceci : « tous les peuples ne sont pas aptes à être colonisés, seuls le sont ceux qui possèdent ce besoin » ! Senghor développera une psychologie moins tendancieuse, plus objective des Africains, à partir de laquelle, il dégagera une éthique, une politique et une esthétique.

Peu de temps après lui, dans les années soixante, Jean Duvignaud, prendra le relais sur un plan plus général, en développant le concept du relativisme culturel et du droit inaliénable des cultures humaines à conserver leurs différences (langues, religions, structures sociales, habillement, cuisine, coutumes et folklore).

On peut considérer cet acquis de l'humanisme, qui ne sera plus (théoriquement) remis en question, comme une conséquence du travail de Senghor, des écrivains de la Négritude, ainsi que des prises de positions de certains scientifiques français, comme Lévi-Strauss, Michel Leiris, Marcel Griaule, Jacques Ruffié, et aussi des philosophes comme E. Mounier et Pierre Bourdieu[101].

---

[99] Dans *La notion de personne en Afrique Noire* – éd. CNRS
[100] Entretien avec L.S. Senghor en juin 1959.
[101] P. Bourdieu et A. Sayed – *Le déracinement* – éd. De Minuit – Paris 1973.
  P. Bourdieu – Les conditions sociales de la production sociologique : sociologie coloniale et décolonisation sociologique – dans *Le mal de voir*, Cahiers Jussieu n°2 – Paris 1976.
  Signalons que la première étude sur *Senghor critique littéraire*, fut réalisée par Daniel Garrot dans un méoire de maîtrise à Dakar dans les années 80.

Entretien avec L. S. Senghor sur les langues africaines[102]

Question de L. K.
Monsieur le Président, cela pourrait paraître comme une provocation de venir vous interroger sur les langues africaines après cette Biennale sur la langue française. Mais vous savez que c'était un vieux projet que nous avions, bien avant la Biennale, et parce que nous sommes un certain nombre de gens qui se posent des questions sur votre position vis-à-vis des langues africaines. Car vous avez internationalement et au Sénégal aussi, la réputation d'être un grand défenseur du français, si bien qu'il y a un certain doute qui plane et que j'aimerais avoir votre opinion là-dessus.

Réponse de L.S.S.
Vous avez bien fait de me poser la question, qui vient à son heure. Vous l'aurez remarqué, dans mon allocution à l'ouverture de la Biennale, j'ai dit qu'il n'y avait pas d'opposition entre la langue et la civilisation française, d'une part, les langues et la civilisations africaines d'autre part. Malheureusement aujourd'hui beaucoup de gens, je dirais très franchement, sont devenus bêtes par démagogie. Ils le sont parce qu'ils pensent par opposition, au lieu de penser par complémentarité. Et cela m'étonne quand ce sont des Noirs, car la dialectique – si vous voulez, la forme dialectique de la pensée – est essentiellement négro-africaine. Je le répète, la Négritude doit être un enracinement et non un ghetto. Un enracinement et une ouverture en même temps. C'est pourquoi je suis aussi pour la Francophonie, car nous avons besoin d'une langue de communication internationale. Or du point de vue de la communication, de la clarté, je ne connais pas de langue supérieure à la langue française.

Cela dit, j'ai été le premier dans l'ancienne AOF, à demander, publiquement, l'introduction des langues négro-africaines dans l'enseignement. C'était en 1937, dans une Conférence faite à la Chambre de Commerce de Dakar, intitulée « Le problème culturel en AOF », et

---

[102] Paru dans *Le Soleil*, 1972.- Dakar.

parue, depuis, dans *Liberté I*. Je suis toujours dans les mêmes dispositions. A preuve que la nouvelle réforme de l'enseignement a introduit à l'école primaire nos six langues nationales.

Ailleurs on parle beaucoup mais qu'est-ce qu'on fait pour la diffusion des langues négro-africaines ?

C'est facile de dire : « Cette disposition de la réforme n'est pas encore appliquée ». Bien sûr, il faut, ensuite, édicter quelques règles de grammaire, et, d'abord, celles de la séparation des mots dans les six langues. Nous avons dans un décret, arrêté la transcription après une large consultation des spécialistes. J'ai dû faire des concessions d'ailleurs, dont je ne suis pas très content. Ces concessions, je les ai faites pour obéir aux vœux des linguistes et surtout pour avoir la même transcription de la même langue pour toute l'Afrique noire, du moins, pour l'Afrique de l'Ouest.

Ensuite donc, nous nous sommes attelés à une tâche qui consiste à séparer les mots dans la phrase. C'est une tâche difficile. Nos langues, en effet, sont des langues agglutinantes. Cela signifie qu'il y a plusieurs fonctions qui sont indiquées, dans l'intérieur même du même mot, par des affixes, c'est-à-dire par des suffixes, des préfixes, ou des infixes. C'est là que gît la difficulté, d'autant que sont souvent agglutinés au mot les pronoms compléments et sujets. Nous avons terminé le travail pour le Wolof. Il ne reste qu'à publier le décret, mais depuis des mois, je cherche une semaine libre pour travailler à la rédaction du décret. La crise de l'énergie, la sécheresse et bien d'autres problèmes, ont, malheureusement, pris tout mon temps, car primum vivere.

Au fond, cela n'a pas d'importance. En effet les travaux de la commission du Sérère nous ont ouvert de nouvelles perspectives. Quand nous aurons fait le travail pour les six langues nationales, il restera à enseigner la transcription et la séparation des mots dans nos écoles normales. En effet, ce n'est pas pour rire, ni pour philosopher, notre décret sur la transcription. Les instituteurs devront, à l'école primaire, enseigner la langue nationale de l'arrondissement et le français en même temps. J'ai appris, en même temps, wolof et français chez les missionnaires.

Question
C'est précisément tout ce travail peut-être nécessaire, mais qui se fait très lentement, qui, finalement, je pense, jette une espèce d'interrogation, parce que, ça fait quand même 13 ans que nous sommes indépendants.

On voit, par ailleurs, un énorme dynamisme, précisément, du français, qui renouvelle ses méthodes, en particulier à travers le CLAD, qui suscite des congrès dans différents pays du monde avec l'Agence de la Francophonie. Et, par ailleurs, on s'aperçoit que, bien que ces commissions soient constituées, il y a une certaine léthargie dans les équipes qui s'occupent des langues africaines et dans les projets qui sont destinés aux langues africaines. Est-ce une question de moyens ou une question de techniciens qui manquent ?

Réponse
C'est bien sûr, une question de sous-développement mais pas seulement. Prenez un pays développé comme la France. L'on a commencé de s'occuper, activement, de la défense et illustration de la langue française depuis des années. Malgré cela, l'on n'est pas encore très avancé. C'est seulement l'an dernier, en 1973, je crois, que pour la première fois, l'on a publié des vocabulaires pour certaines techniques. Et pourtant les Français ont de l'argent et ont de savants spécialistes. Nous, nous avons hérité des lenteurs de l'administration française, et nous avons, en même temps, le sous-développement ; nous avons des élites, mais pour sénégaliser, nous sommes souvent en difficulté de trouver l'homme qu'il faut à tel poste, - la direction d'un service par exemple ou d'un établissement public.

Voilà quelles sont les difficultés. De plus, nous sommes confrontés à des tas d'autres problèmes, comme ceux politiques, du Moyen-Orient, de l'apartheid, de la guerre dans les colonies françaises, commerciaux, économiques, de la sécheresse, de l'énergie, etc., etc.

Je m'étonne toujours quand certains maximalistes, qui nous critiquent, ne peuvent jamais nous citer un Etat francophone qui fasse mieux. Nous avançons lentement, bien sûr, mais nous avançons méthodiquement et vous savez très bien que je n'ai jamais découragé ni les études de linguistique négro-africaine ni les publications en langue nationale, ni la naissance d'une littérature en langue nationale : je donne même des subventions à des organismes comme l'Association pour le Poular.

Question
Vous parler des pays francophones, mais il est facile de vous répondre par l'exemple des pays anglophones. Comment se fait-il que, se trouvant devant des problèmes analogues, des pays comme le Nigeria, comme le Kenya, comme la Tanzanie, le Ghana aussi, aient réglé le problème des

langues africaines qui sont enseignées au primaire, au secondaire et à l'Université ?

Réponse

Il faut comparer des choses comparables. Je dirai que les Noirs anglophones n'ont pas réglé le problème ; ce sont les Anglais qui ont réglé pour eux le problème, car les Anglais pratiquaient une autre politique que celle de l'assimilation. Je ne dis pas que la politique anglaise était meilleure, car c'était, en un certain sens, une ségrégation. Il reste que les Anglais ont commencé par éduquer les Africains, chacun dans sa langue maternelle. Ils ont commencé à leur apprendre à lire et à écrire une langue africaine, tandis qu'en France, c'était la politique de l'assimilation.

De ce point de vue, c'est le Sénégal qui était le plus en retard, nous avions trois cents ans de présence française. Nous venons de très loin. C'est la raison pour laquelle nous avançons moins vite que les pays anglophones, mais encore une fois, les Anglais avaient, avant même l'Indépendance, réglé le problème pour les Noirs anglophones.

Question

Mais ils l'ont réglé à leur manière et d'une façon qui n'était pas spécialement scientifique. Ce qui fait que ça a été beaucoup plus vite. Je voulais vous poser cette question-ci : Est-ce qu'il est absolument nécessaire avant d'enseigner une langue, d'avoir fait des dictionnaires, d'avoir fait des grammaires complètes, c'est-à-dire d'avoir réglé tous les problèmes linguistiques ? Est-ce que si, pour le français, on avait dû attendre, avant de l'enseigner, d'avoir réglé ces problèmes, on l'aurait enseigné avant le 18e siècle ?

Réponse

Je suis de votre avis, et c'est pourquoi je ne dis pas que nous ferons des grammaires, je dis seulement que les deux conditions que voici doivent être remplies. D'abord il faut qu'il y ait une transcription phonétique, c'est-à-dire scientifique. Ce qui a été fait. Il faut, d'autre part, qu'on sache, au moins, séparer les mots dans la phrase. Ce qui est un minimum. Les grammaires et les dictionnaires viendront ensuite. Ce qui est entrain de se faire au Sénégal.

Question
Je suis tout à fait d'accord qu'il faille mettre au point certaines questions préalables. Il y a, cependant, à envisager qu'une fois que ces questions seront mises au point personne n'est formé jusqu'ici. Comme vous le dites, très bien, il y a l'Ecole normale, il y a l'Université – personne n'est formé pour prendre en charge la diffusion des langues. Est-ce qu'on ne pourrait pas, d'ores et déjà, prévoir le projet de formation de linguistes africanistes, et faire des essais de pédagogie à différents niveaux, favoriser, disons, la publication d'un certains nombre de textes dans les langues, même si cela n'est pas parfait ; car après tout, une langue est vivante n'est-ce pas et l'orthographe n'est pas fixée définitivement à partir du moment où l'on commence à écrire une langue ; il y aura l'usage. Ce qui fait que certaines règles d'orthographe vont sembler très difficiles d'application. Par exemple, vous parliez des redoublements de consonnes à propos du wolof. Cela m'a frappée aussi, ce n'est pas pratique ces redoublements, je n'ai pas l'impression que cela va tenir à l'usage.

Réponse
Non, les redoublements ne correspondent même pas à la réalité phonologique, je l'ai constaté, dans les années 30 sur le kymographe, c'est tout simplement une mode.

Tout en laissant se développer les initiatives privées, si l'on veut être efficace, il faut travailler à arrêter une orthographe et à définir des normes, c'est-à-dire des règles de grammaire. Il y a, à l'Université, un département de Linguistique générale et de Linguistique négro-africaine, dont c'est la tâche, - en liaison avec le gouvernement. Il faut, en même temps, former des linguistes qui puissent enseigner des normes ; car elles existent, dans les faits et pour les locuteurs, ces normes. Quand Malherbes dit que le français, c'est « le français de crocheteurs de Port-au-Foin », c'est qu'il y a des règles dans toute langue, même si elles ne sont pas écrites. Il ne faut pas inventer ces normes, il faut les dégager de la langue. Je suis, bien sûr, pour une grammaire fonctionnelle, mais la grammaire fonctionnelle doit dégager les normes qui existent effectivement et non les créer, pour ainsi dire, métaphysiquement ex nihilo. C'est ce que voulait dire Malherbes. Le meilleur wolof, c'est le wolof des paysans : celui du Cayor, du Ndiambour et du Diolof. Voilà pour la norme et la formation.

Question
Pardon, la formation précisément, vous ne m'avez pas tout à fait répondu. Je demandais : est-ce qu'on a envisagé, d'ores et déjà, de préparer justement des linguistes qui seraient à même, plus tard, de devenir des professeurs ?

Réponse
Oui, mais bien sûr, je vous dis qu'à l'Université de Dakar, il y a le département de Linguistique...

Question
Mais il n'y a pas de cours de wolof. Il n'y a pas de cours de langues africaines, alors qu'il en existe aux Langues orientales à Paris.[103]

Réponse
Mais je pensais qu'il y avait des cours de langues africaines ! vous avez bien fait de me signaler cette lacune et je vais m'en occuper. Puisqu'il y a un département de Linguistique générale et de Linguistique africaine, je pensais qu'il y avait des professeurs qui enseignaient les langues négro-africaines. Voilà donc pour la formation. En ce qui concerne la diffusion, encore une fois, j'encourage la transcription scientifique des langues, j'encourage l'édition de revues, de journaux, de livres...

Questions
Oui ! à ce propos, je signale vos encouragements à cette revue de « Dem Bak Tey » du Centre d'Etude des Civilisations qui, en effet, essaye d'écrire, et de faire écrire les langues comme le wolof, le peul, le sérère et le mandingue. Mais, à ce propos justement, est-ce qu'on ne pourrait pas imaginer dans « Le Soleil » une page écrite en langues africaines, comme il y a au Togo une page écrite en éwé, comme il y a des journaux écrits en langues africaines au Cameroun ?

Réponse
Nous commencerons par le wolof quand il y aura le décret sur la séparation des mots.

---

[103] Depuis bien sûr, il y a des cours de langues africaines à l'Université, mais on ne forme toujours pas d'enseignants de ces langues dans les EN et les ENS.

Question
Il faut le faire vite maintenant.

Réponse
Il faut que je trouve le temps, mais j'ai toujours des journalistes, des savants, des professeurs, comme vous, qui viennent m'interviewer, et je n'ai que 24 heures par jour !

Question
Il y a encore une chose que je voulais vous demander, concernant l'avenir des langues africaines. Vous avez écrit une phrase qu'on m'a mise sous les yeux, qui m'a fait bondir, en préface au dictionnaire, très savant d'ailleurs, sérère-français du Père Crétois. Vous avez écrit là une phrase dont je me demande la raison : « Dans quelques décennies le sérère ne sera plus parlé, et ce sera une perte pour le Sénégal et pour la science linguistique ». Est-ce qu'il s'agit du sérère en tant que langue de minorité ou bien est-ce que c'est une position à laquelle vous vous résignez pour toutes les langues africaines ?

Réponse
Mais non ! C'est le sérère en tant que langue de minorité, que je déplore. Actuellement, presque tous les adultes sérères sont bilingues, parlent le sérère en famille et le wolof en dehors. Mais savez-vous qu'entre Thiès, Rufisque et Popenguine, il y a trois langues sérères qui sont différentes du sérère du Sine ? C'est pour cela que je fais venir à l'IFAN, un professeur autrichien qui était un de mes gardiens quand j'étais prisonnier de guerre. C'est Walter Pichl, qui est le seul spécialiste de ces trois langues, c'est vous dire que je ne suis pour la disparition ni de la grande langue, ni non plus des petites langues sérères ; je constate un fait. Au contraire, je réagis contre l'uniformisation, parce que beaucoup voudraient que l'on choisît le wolof comme langue unique de tout le Sénégal. Je m'y suis opposé encore que j'admire la richesse du wolof. Toutes les langues doivent être vécues ou parlées. C'est la raison pour laquelle quand nous mettrons en pratique l'enseignement des langues nationales dans les écoles primaires, la langue qui sera enseignée dans chaque arrondissement sera la langue de la majorité des locuteurs.

Question
De la majorité ou bien de l'arrondissement ?

Réponse
De la majorité ! Si, par exemple, dans un arrondissement, la majorité parle sérère, on enseignera le sérère. Mais ce sera facile de passer d'une

langue à l'autre, puisque la transcription est la même pour les six langues nationales.

Question
Encore une question, une dernière. On nous dit, pendant la Biennale que le français, ce n'était pas seulement un outil de communication, mais qu'il véhicule une pensée, véhicule une civilisation. C'est très juste, je pense. Par ailleurs, vous avez souvent dit que la Négritude pouvait s'exprimer en français. C'est une question technique que je vous pose. Beaucoup d'écrivains africains m'ont confirmé que le français était pour eux, certes, un outil de communication international, parfois un outil artistique, mais que, sur le plan profond, il y a une série de choses qu'ils ne peuvent pas dire en français, et que l'abandon de leur langue serait en partie l'abandon de leur culture. Qu'est-ce que vous en pensez ?

Réponse
Voyez-vous, l'idéal, c'est de parvenir –je dois le dire encore qu'ils n'aient pas atteint leur but – à la situation des pays de langue anglaise, où les langues nationales subsistent à côté d'une langue internationale. Et, au fond, peu à peu, ce sera comme ça partout dans le monde. Par exemple, dans les pays scandinaves, l'anglais commence à être enseigné à l'école primaire, et les hommes et les femmes sont bilingues. Même en Angleterre, tous les gens cultivés savent lire le français.

En conclusion, je me répèterai en prônant le bilinguisme et la symbiose. Il nous faut combattre l'isolement dans la dichotomie, parce que la dichotomie, c'est la stérilisation, c'est l'opposition systématique à l'Autre. L'opposition n'est pas enrichissante. Ce qui est enrichissant, c'est la symbiose, c'est la fécondation réciproque. C'est ça la vie.

Propos recueillis par Lilyan KESTELOOT,
dans : *Le Soleil*, 1972

Problématique
des littératures africaines nationales en Afrique

1 – <u>Définitions</u>

La problématique des littératures africaines nationales comme celle des philosophies nationales est à la mode en France. Cette mode ayant été concrétisée par le séminaire de Derrida à l'Ecole pratique des hautes Etudes et, pour la discipline qui nous occupe, par celui de notre collègue Georges Ngal dans le même institut. (85-86).

Cette mode faisait suite à celle des identités culturelles en vogue dix ans plus tôt et s'inscrivant dans le débat plus large et politique de « la différence » qui fut l'objet de maints colloques et publications dans le milieu des intellectuels de gauche essentiellement parisiens. Ce débat fut d'abord l'affaire des sociologues et psychologues sociaux, et ce furent eux qui alimentèrent les définitions, au contact de travaux comme ceux de Lévi-Strauss, M. Griaule, M. Mead, et autres ethnologues découvrant les systèmes de la « pensée sauvage ».

De Balandier à Duvignaud, de Stoetzel et Kardiner à Fougeyrollas, le concept d'identité culturelle, collective, nationale, basic personnality, identité sociale etc... fut étudié et disséqué sans qu'on puisse en circonscrire exactement les limites et les dimensions. Concept-caoutchouc dit J.M. Domenach[104]. Sans doute. Et cependant indispensable et qu'on peut résumer ainsi : le fait d'appartenir à une communauté particulière, en fonction d'une histoire, d'un terroir, de langues, d'institutions et de croyances communes ou voisines.

A cela j'ajouterais volontiers la forme plus subtile que R. Debray[105] signale sous le nom de « nation » « ce quelque chose d'inaccessible à la raison, lié à l'onirique, à l'affectivité, aux profondeurs du spontané qu'on a dans les neurones... obscurément constitué par le lent travail de la mémoire inconsciente » sentiment qui est fondé sur l'ensemble des données énumérées plus haut.

---

[104] Cité par G. Ngal in *Notre Librairie*, 1986.

[105] R. Debray *La puissance et les rêves*. Voir aussi les réflexions d'E. Glissant sur l'identité antillaise.

Ceci dit on peut considérer l'identité culturelle sous ses angles subjectif ou objectif, extérieur ou intérieur, fixe ou mutant. Car comme tout ce qui est lié au vivant, elle évolue, se métisse, se transforme.

Notre propos n'est pas ici de disserter sur cette notion d'identité culturelle mais de rappeler qu'elle fut à la base du débat sur les littératures nationales africaines, après avoir été au centre de la prise de conscience initiée par le Mouvement de la Négritude.

2 – Historique

La « personnalité noire » fut revendiquée depuis le début du siècle par les écrivains de la Négro-renaissance (Manifeste de 1921) par ceux de Haïti (« Ainsi parla l'oncle » de Price-Mars 1927) et de Cuba (Nicolas Guillen). La revue *Crisis* et l'Anthologie de Alan Locke *The new negro*, témoignaient parfaitement d'une claire conscience de leurs différences sociale et culturelle assumées par les auteurs noirs américains.

Lorsque, à leur suite, les écrivains antillais puis africains se rassemblèrent autour des revues *Monde Noir, Légitime Défense, L'Etudiant Noir, Les Griots, Tropiques et Présence Africaine*, pour aboutir à *l'Anthologie de Sengh*or, les maîtres mots furent « spécificité noire », « culture négro-africaine », « valeurs nègres », « civilisation négro-africaine », « âme noire » (que l'on doit à W.E.B. du Bois).

Ce sont eux – et non point les Européens[106] - qui se réclamèrent de la civilisation africaine, qui s'y reconnurent et prétendirent manifester cette identité nègre dans une littérature africaine. Pour exprimer tout cela en un mot, ils inventèrent le terme de négritude, drapeau identitaire, s'il en est, et sous lequel ils se firent connaître du monde entier. Or déjà on parlait de nationalisme. Et déjà, en citant cette littérature de protestation, les écrivains noirs affirmaient produire une littérature nationale exprimant l'identité nègre et les peuples nègres. Depuis Césaire et son *Cahier d'un retour au pays natal*, le concept de communauté nègre, nation nègre, avait pris corps, et sans doute par référence avec la nation juive, éclatée comme les nègres en diaspora sur plusieurs continents. Face au colonisateur qui n'avait cessé de diviser pour régner sur tout le territoire de l'Afrique, le concept de nation nègre, bientôt synonyme de nation africaine, fut étrangement efficace.

---

[106] Contrairement à ce qu'affirme notre collègue A. Huannou.

Sur le plan politique comme sur le plan littéraire il permit d'affronter la toute-puissance coloniale par l'assaut d'une revendication unanime d'indépendance.

C'est donc avec raison que le professeur Elikia Mbokolo[107] constate : « jusqu'aux indépendances et même au-delà, les intellectuels (noirs) eurent beaucoup de mal à surmonter les contradictions du colonialisme : ce qui explique les contours flous de la « conscience nationale » sauf dans les cas atypiques de l'Ethiopie et de Madagascar. Qu'est-ce que les « nations » africaines ? Dans la mesure où la colonisation avait juridiquement et idéologiquement indigénisé les Africains, beaucoup répondaient que l'Afrique comptait une seule nation nègre ; l'idéologie panafricaine à ses heures de gloire, puisa beaucoup à cette source ».

Cette idéologie panafricaine fut alimentée par les Padmore et Nkrumah aussi bien que par les Césaire, Senghor, Fanon, Alioune Diop et Cheikh Anta Diop ; et il suffit de rouvrir les documents des deux *Congrès des Ecrivains et Artistes nègres* (1956 et 1959) et jusqu'à celui de Dakar en 1966, pour se convaincre que leur unanimisme était une force, et « catalysait » les énergies éparses en un faisceau dense, véritable levier d'un projet existentiel à la mesure du Continent.

Devant l'histoire qui avait détruit, séparée, vendu, battu les nègres durant 3 siècles, les poètes noirs opposent d'abord le cri-écriture qui relevait, rassemblait, reconstruisait la conscience nègre, la dignité nègre, le peuple africain.

Les indépendances nationales particulières (Sénégal, Mali, Guinée, Congo) s'inscrirent donc dans le processus global d'une indépendance de l'Afrique, et tous les nègres de la diaspora y virent le symbole de *leur* libération propre.

Ainsi s'exacerba aussitôt le sentiment national des Noirs Américains à travers les mouvements Muslim, Panthers et Black Power, dont les Africains se sentiront à leur tour solidaires.

« En fait, il y a confusion, pense Locha Mateso, quand on dit littérature nationale dans les années 50-55, il s'agit des littératures négro-africaines ».

Non, il n'y a pas confusion, mais identification. Les écrivains noirs sont les seuls à avoir réalisé le panafricanisme. Lorsque Richard Wright, James Baldwin ou Leroi Jones publient, c'est de la littérature négro-africaine ; lorsque Peter Abrahams ou James Ngugi, ou Kenyatta

---

[107] Ecole des Hautes Etudes en Sciences sociales.

publient, c'est de la littérature africaine ; lorsque Césaire écrit *Le Roi Christophe* et Depestre *Minerai Noir*, c'est de la littérature africaine.

L'unité est réalisée, internationale et polyglotte, sur la base d'une race et d'une identité culturelle, dans la création artistique tous azimuts : musique, littérature, peinture, sculpture, danse.

Le sentiment national particulier s'inscrivait très naturellement dans ce mouvement plus vaste. L'écrivain ne se souciait pas de savoir s'il manifestait son Congo ou bien l'Afrique, sa propre ethnie ou son moi intime. Ecoutons Tchikaya balayer d'un coup de langue les faux problèmes : « finalement il n'y a pas écriture ethnique, ou nationale, ou africaine, ou écriture simplement. Il y a une sorte de globalité dans la démarche, je suis écrivain et bien sûr toutes les composantes de ma personnalité se retrouvent dans mon écriture. Il n'y a pas d'exclusion »[108].

P. Joachim, Paul Niger, R. Dorsinville, C.H. Kane, Bernard Dadié pour ne citer qu'eux furent d'abord Africains.

Mais l'histoire avance et il aurait été très logique que ce grand courant de la Négritude, à l'intérieur de ce qu'il était désormais convenu d'appeler la littérature africaine, se divisât rapidement en rameaux indépendants plus étroitement surgis des réalités locales. Il aurait été normal que « les littératures nationales s'affirment en même temps que s'édifient les jeunes nations africaines », et ce d'autant plus que « les défis que les Africains d'aujourd'hui doivent relever ne sont pas exactement les mêmes que ceux d'avant la guerre mondiale : en 1938 l'ennemi des peuples africains c'était le colonisateur... aujourd'hui ce sont le sous-développement criard et les régimes politiques néo-coloniaux fantoches, totalitaires... ».[109]

Or, précisément cela ne se fit pas. Il n'y eut pas de rupture. Tout d'abord parce que la littérature de la Négritude irrigua largement les nouvelles nations, du fait que ses principaux auteurs furent inscrit, dans les programmes scolaires, et qu'une réforme parallèle s'opérait dans les programmes d'histoire. Les écrivains de la Négritude devinrent ainsi les « classiques » des lycéens africains, et tous les nouveaux écrivains qui prennent la plume dans ces pays ont eu connaissance de leurs aînés.

Le problème des littératures nationales nous l'avions déjà posé en 1961 dans *Les écrivains noirs de langue française*[110], alors que nous nous

---

[108] Colloque CLEF octobre 1985.

[109] Article in Notre librairie 1986, de A. Huannou : *Inquiètudes et objections*.

[110] Edition Université de Bruxelles. 1963

interrogions sur l'avenir de cette littérature qui présentait alors un front commun continental. Nous nous interrogions même sur la poursuite de la création littéraire en langue européenne, et envisagions la fragmentation en corpus rédigés en langues africaines avec ce que cela suppose de difficultés de communication tant avec l'Europe qu'avec les Africains d'autres ethnies. Mais il est vrai qu'on aurait pu parler alors de littératures vraiment nationales.

Au lieu de cela tout se passa comme si les écrivains noirs tant anglophones que francophones avaient craint l'isolement, et la rupture d'avec un public international ; et par là j'entends aussi bien celui des pays d'Afrique voisins, que celui des métropoles d'Europe et d'Amérique.

La plupart continuèrent donc à s'adresser au public constitué par la première génération, tout en augmentant leur audience dans leur propre région, et sans que cela ne se contredise.

Ensuite, il se fait que les différents pays d'Afrique évoluèrent dans le même sens, et même si les objectifs de 1945 avaient changé, les situations nationales de 1970, 80, 90, présentèrent entre elles des caractères si semblables que, aujourd'hui un romancier comme Henri Lopes peut dire « j'ai le sentiment en me trouvant dans n'importe quel pays (d'Afrique) d'être constamment chez moi... parce que les mêmes problèmes s'étaient posés, s'étaient répétés au nord et au sud de l'Equateur, dans les pays de Sahel, dans ceux de la savane et dans ceux de la forêt. Et cela se comprend aisément : nous avons en Afrique des traits de civilisation qui sont communs, au delà des barrières linguistiques... ».[111]

Si bien que l'écrivain conserve, en général, ce sentiment de partager l'identité culturelle des autres pays d'Afrique si proches du sien par la civilisation et l'évolution historique. Pour Lopes comme pour Ch. H. Kane, pour Boris Diop ou Lamine Sall (des générations cadettes) « le sentiment d'être un écrivain africain » reste dominant, et ne s'oppose en rien à l'expression des réalités nationales du Congo, ou du Sénégal.

Or, dans les années 1984-1985, on commence à Paris à parler de « l'émergence des littératures nationales en Afrique ».

Il y eut d'abord une Table Ronde au Congrès de littérature comparée à la Sorbonne (août 1985).

---

[111] In interview Bernard Magnier - 1986

Ensuite, un colloque organisé par le Ministère de la Coopération et le Théâtre International de langue française.

Puis, une Table Ronde à la Foire du Livre de Dakar en décembre 1985, organisée par les éditions Bordas pour lancer une anthologie intitulée « Littératures nationales d'expression française ».

Enfin, trois numéros successifs de la revue *Notre Librairie* sur ce même sujet, et où s'affrontèrent les critiques tant noirs que blancs, ainsi que les écrivains à qui l'on demandait de prendre parti sur cette question./ Ce fut d'abord le grand palabre, et personne ne s'avisa qu'il avait été lancé, et mis sur orbite par…des institutions étrangères.

Certains critiques et écrivains africains rechignèrent cependant et virent là une tentative de « balkaniser » la littérature africaine et l'idéologie commune qu'elle véhiculait. (Vignondé, O.B. Quenum, Madior Diouf, B. Kotchy). D'autres comme Ngandu Nkashama, A. Huannou, L. Mateso, poussèrent au contraire dans cette direction, et en profitèrent pour tenter « d'enterrer » le Mouvement de la Négritude, et jusqu'à l'existence d'une civilisation commune pour l'Afrique.

C'était jeter le bébé avec l'eau du bain. S'il était admis que les thèmes de la Négritude étaient « dépassés » vu que l'histoire imposait des situations nouvelles, personne n'avait songé à contester l'existence de la littérature négro-africaine, comme partie constituante de la civilisation africaine.

Personne n'avait songé à opposer les nationalismes entre eux, et à les détacher du lien ombilical à l'Afrique-Mère, Mother Africa comme l'écrivait Basil Davidson, historien noir américain à la recherche de son passé.

Car ce concept fonctionnait comme **un mythe fondateur** pour les écrivains noirs et pas seulement les Africains, il était et demeure le fondement de leur « nationalisme-nègre », la référence de leur identité culturelle. Cela est si vrai que lorsque Wole Soyinka obtint le prix Nobel, tous les Africains, tous les Noirs réagirent avec joie, car tous se sentirent concernés.

Il faut observer que la critique étrangère ne s'est pas arrêtée là. On a été jusqu'à récuser les littératures nationales africaines au profit des littératures tribales ou ethniques. Ainsi B. Lindfors (ce n'est qu'un exemple) essaya de démontrer que Soyinka s'apparentait par le style à Fagunwa et Tutuola, et faisait partie d'une littérature yoruba ayant peu de choses à voir avec Chinua Achebe, représentant d'une littérature ibo. Là, Alain Ricard a bien perçu le danger, et répondu avec pertinence : « s'il s'agit de dire que la langue maternelle influence l'écriture en langue étrangère, nous l'admettons bien volontiers. Mais s'il s'agit à partir de la langue de construire une identité ibo ou yoruba, et d'utiliser ces identités pour déconstruire un ensemble politique, nous sommes beaucoup plus sceptique sur la légitimité intellectuelle d'une telle opération ».

Et Ricard démontre aisément que Achebe comme Soyinka sont écrivains porte-parole d'une même d'une même littérature nationale s'insérant dans la lutte pour lé démocratie, « une démocratie de citoyens libres et créateurs, un espace politique utopique où la chose publique ne serait la propriété de personne, où le sens du service public existerait, où la confiscation de l'Etat par le pouvoir personnel de quelques tyranneaux serait impensable ».[112]

Remarquons aussitôt que ce projet littéraire décrit par Ricard en parlant des deux auteurs nigérians peut parfaitement s'extrapoler pour caractériser celui de Aminata Sow Fall et Cheik Ndao (Sénégal) Alpha Diarra et Moussa Konate (Mali) Sylvain Bemba et Labou Tansi (Congo), Paul Dakeyo et Bernard Nanga (Cameroun) Ayi Kwei Armah (Ghana) et J. Ngugi (Kenya) etc., etc.... Considérons donc, à tête refroidie, que de même que leurs cultures tribales n'empêchent pas les écrivains d'origine diverse de se sentir citoyens d'un pays, de même leurs différents pays ne les empêchent pas « d'être mû par le sentiment d'être un citoyen africain » (Lopes).

Et il suffit d'ouvrir des recueils de poètes plus récents comme Tati-Loutard, J. Guégane, Nimrod, Dakeyo, Babacar Sall, Véronique Tadjo, d'Almeida, pour voir affleurer cette africanité par les mille symboles qui la désignent : allusions à l'Afrique du Sud, à l'Egypte ancienne, à l'esclavage, aux lutte coloniales, au village d'origine, à la danse, au couple emblématique pilon-tam-tam, aux ancêtres enfin, sans oublier les misères actuelles qui, hélas, se ressemblent de pays en pays avec une monotonie affligeante.

3 – Le pour

Ce débat sur les littératures nationales a répondu cependant à certaines aspirations. Il est vrai que l'autorité (involontaire) du Mouvement de la Négritude fut amplifiée par les positions des critiques universitaires, et aboutissait à imposer aux écrivains une démarche en conformité avec

---

[112] A. Ricard – article in *Notre Librairie* – 1986.

celle de leurs prédécesseurs. Cela fut ressenti parfois comme une contrainte et toute contrainte en matière d'art entraîne une réaction.

En particulier les injonctions à produire des œuvres militantes ou éducatives, suivant les recommandations émanées du Congrès de Rome en 1959, pesèrent assez lourdement à partir des années 70. La notion de littérature nationale devrait permettre d'atténuer l'incessante confrontation avec les ténors de la poésie, notamment Césaire, Senghor...confrontation inhibante à la longue. Ainsi des poètes comme Tati-Loutard et Kadima Nzuji, dans un cadre plus restreint, se sont mis à exploiter une veine intimiste liée à la forêt, au fleuve, au terroir.

En accentuant cet aspect, la notion de littérature nationale ouvre le champ d'un courant régionaliste intéressant qui permet à des écrivains locaux – souvent de moindre envergure – l'accès à l'édition, avec des romans brefs, des nouvelles, des pièces du type *Marmite de Kokambala* de Guy Menga, ou encore cette jolie histoire d'amour pygmée que nous raconte le Centr'Africain E. Goyémidé dans *Le silence de la forêt*.

La France aussi, et le Québec eurent leurs écrivains régionalistes qui donnèrent une dimension enrichissante du patrimoine national : le Giono de *Regain*, le Pagnol de *Marius*, ou encore le tendre – et démodé – René Bazin...

Le régionalisme fut une étape de la prise de conscience haïtienne et martiniquaise, dont les poèmes de Gilbert Gratiant et le *Diab'la* de J. Zobel demeurent des témoignages émouvants.

Au Cameroun, dans cette direction il y eut déjà dans les années 35 le *Nanga Kon* de Djemba Medou écrit directement en ewondo, et que R. Philombe reprit en français sous forme théâtrale 30 ans plus tard.

Des romans comme *Sola ma chérie* du même Philombe, ou ceux de Félix Couchoro au Togo, *L'héritage, L'esclave*, ou encore au Sénégal *Les trois volontés de Malick* de Mapate Diagne, allaient dans le même sens de vouloir décrire des réalités très proches, et sans références autres que les coutumes locales avec leurs contradictions internes. On peut dire que c'est aussi, dans cette voie que s'oriente une série de romans-nouvelles édités par le CEDA d'Abidjan. Ainsi *Le vol des tisserins* de Paul Akoto, pour ne citer que celui-là.

Les NEA et le CAEC de Dakar encouragent aussi les jeunes créateurs qui explorent de près la société urbaine actuelle, comme A. Dione avec *La vie en spirale* et Ibrahima Sall avec *Routiers des chimères*.

On constate donc que ce mouvement est bien amorcé ici et là. Mais que manque-t-il à ces œuvres pour dépasser le régionalisme ? Sans doute des qualités d'écriture. Trop souvent ces productions restent en deçà du niveau exportable comme sans doute tous les romans qui se publient au Zaïre sous l'égide des éditions locales et qui ne sortent pas du pays ; cependant Kadima reconnaît : « c'est à travers cette littérature que le public zaïrois se voit et se définit ». Nous en avons lu un, intitulé *La pourriture* qui en effet, n'est pas exportable malgré son intérêt sociologique. Cela correspond à ce qu'au Nigeria on a désigné sous le nom de *Market literature*. Et si Cyprian Ekwensi a commencé par là, il n'est devenu célèbre qu'à condition d'en sortir. Mais certes, il s'agit là d'embryons de littératures nationales.

D'autres tentatives se font cette fois dans les langues africaines. Il y a des romans en swahili, en yoruba, en bambara, sans oublier le cas de Ngugi qui est passé de l'anglais au kikuyu dans cet objectif d'être enfin compris par tous les Kikuyu.

Il y a au Sénégal les essais de Cheikh Ndao et Saxür Thiam en wolof et dernièrement le roman de Boris Diop. Là, le problème de la qualité de l'écriture ne se pose plus, ces textes sont souvent supérieurs (de l'avis même des auteurs) à ce qu'ils auraient produit en français.

Peut-être que l'émergence des littératures nationales se fera plus sûrement de cette manière, lorsque des écrivains de valeur imposeront des œuvres écrites, en langues africaines.

Mais dans la situation présente, il semble que le hiatus est trop grand entre une production régionale trop souvent écrite en français ou anglais médiocre, et les œuvres qui se situent d'emblée dans le courant international par leur qualité et leur vision plus exhaustive. Celles-ci circulent aussitôt sous la bannière de la littérature africaine, et sont « reconnues » par tous les lecteurs de tous les pays d'Afrique.

Quant à ce qu'en pensent leurs auteurs... nous n'avons jusqu'ici repéré aucun auteur de cette dimension qui refusât le titre d'écrivain africain pour préférer celui d'une nationalité particulière. Au mieux revendique-t-il les deux.

Et, sur quelle base culturelle un critique pourrait-il limiter Boris Diop au Sénégal, Williams Sassine à la Guinée et Ahmadou Kourouma à la Côte d'Ivoire ?

Il demeure cependant que certains pays comme la Côte d'Ivoire justement, ou encore le Cameroun, le Sénégal ou le Congo sont plus avancés que les autres dans l'émergence d'une littérature nationale. Grâce à ces maisons d'éditions locales (CLE, CEDA, NEA, CAEC), qui favorisent des publications plus nombreuses. Grâce surtout à une politique de mécénat culturel ou encore de stimulation par concours, prix, etc....

On peut imaginer que cette politique pourrait s'ouvrir enfin aux productions en langues africaines ; des conditions économiques meilleures pourraient autoriser une plus grande audace dans les choix d'œuvres à publier et permettre de « prendre des risques » ; enfin, d'ores et déjà, on ne peut dénier aux écrivains notoires qui existent dans ces pays la représentativité nationale : Sembene Ousmane représente très bien le Sénégal, tout autant qu'Aminata Sow Fall , Mariama Ba ou Lamine Sall.

Et sans cesser d'être africaine, une littérature sénégalaise est assurément en voie de formation. Paradoxalement, les écrivains ne sont représentatifs de leur nation qu'à partir du moment où ils atteignent un niveau internationalisable !

C'est pourquoi nous hésitons à qualifier de littérature nationale la *Market literature* nigériane ou les petits romans du Zaïre « La pidginisation » ne nous semble pas une solution d'avenir, contrairement à l'opinion de Chantal Zabus[113], et la « relexification » a ses limites : celles de la lisibilité.

De même, il ne faut pas confondre littérature nationale et littérature populaire. Guy des Cars est moins représentatif de la France que Malraux, bien que plus connu et lu dans les chaumières de l'hexagone.

Mais que dire pour des pays comme le Tchad, le Centre Afrique, le Niger, le Togo, le Gabon, le Burkina, la Mauritanie, le Libéria, la Somalie, l'Ethiopie, où on rencontre un, deux, trois écrivains importants ? Cela ne suffit pas pour parler même de prémisses de littérature nationale. A partir de combien d'écrivains peut-on parler de « littérature » nationale ?

Même si l'on récupère des journalistes par-ci, des rimailleurs par là, pour faire nombre, on ne leur fera pas atteindre le niveau d'excellence permettant une représentativité nationale. Et nul ne peut dire le temps qu'il faudra pour que l'intérêt de ces pays s'oriente vers la littérature écrite. Ces choses-là ne se forcent guère, et d'autant moins qu'il y a des urgences prioritaires pour la survie de certains. Les perturbations politiques, économiques ne favorisent pas vraiment la création littéraire...

---

[113] C. Zabus : the african palimpsest, indigenization of language in the west african europhone novel – 1991 – Rodopi – Amsterdam.

4 - <u>Le contre</u>

En réalité, il est regrettable que ce problème des littératures nationales ait été mal posé d'abord, exploité, orchestré ensuite par des médias qui ont trop vite proclamé l'éclatement de la littérature africaine. L'Occident a joué le rôle du Deus ex Machina, tablant une fois de plus sur la carte de la division.

Etait-ce à la France ou à l'Amérique de poser ces questions ? et les Africains n'ont-ils pas manqué de vigilance en y répondant en désordre sans s'être concertés ?

Pourtant la notion de littérature nationale avait déjà été abordée à l'occasion, dans les colloques ou séminaires des Universités d'Afrique.

Mais elle ne suscitait pas de polémiques ; encore moins était-elle proposée comme concurrente, voire remplaçante de la littérature africaine !

Kadima Nzuji fit ainsi une thèse sur les écrivains zaïrois, sans songer que ce travail pût un jour être utilisé contre la littérature négro-africaine ; au contraire, croyait-il la servir. Ce fut, certes, aussi le projet de A. et R. Chemain, à propos du Congo. De même nous crûmes servir la littérature africaine en proposant des sujets de recherches analogues sur les écrivains du Mali, de Côte d'Ivoire, du Sénégal, du Bénin ; la partie ne remplace pas le tout, approfondir une partie, c'était servir le tout. Cela semblait évident !

Les arguments qu'on avance aujourd'hui pour décréter l'inexistence ou la mort de la littérature africaine s'appuient – comme par hasard – sur l'Europe : on ne parle pas de littérature européenne mais de littérature française, allemande, russe etc... Il faudrait donc qu'il en soit de même pour l'Afrique...

Comme si l'expérience et l'histoire des Négro-africains pouvaient se comparer à l'histoire de l'Europe.

Comme si l'émergence de la littérature africaine n'était pas liée à celle de la Négritude, et comme si la Négritude n'avait pas une histoire intercontinentale ! Il suffit de rappeler le récent Congrès que le *Fespaco* organisa à Miami (1988), et qui rassembla écrivains et artistes noirs d'Europe et d'Afrique, d'Amérique du Nord et d'Amérique du Sud, anglophones, francophones et lusophones. Le plus grand angle ! Voilà ce que conçoivent les intellectuels africains lorsqu'ils ne sont pas téléguidés. Bien sûr que les cultures négro-africaines sont plurielles et donc leurs littératures, mais pas au point de perdre leur qualificatif, car il rappelle au monde le lien ombilical qui les relie entre elles.

C'est aussi la **marque** de leur histoire, c'est le lien avec la Négro-renaissance des USA, avec le Négrisme et l'Indigénisme haïtien, avec la Négritude, avec la Tigritude et l'African personnality, avec le Black Power d'hier et les African-American d'aujourd'hui, bref avec l'identité culturelle dont nous parlions en commençant cet article, et dont nous disions qu'elle était le fondement sur lequel pousse toute activité créatrice.

Ce qualificatif de négro-africain n'est donc pas récusable impunément. C'est le vocable-signe de ce qui unit les écrivains de ce continent entre eux, et avec leurs prédécesseurs. C'est leur carte d'identité.

Un écrivain – exilé par exemple – peut n'être plus congolais ou camerounais. Il peut même avoir acquis la nationalité française ou américaine. Il reste écrivain africain, il n'est pas apatride, il demeure « relié ». C'est le vécu de Sassine, de Mudimbe, de Dongala, de Mongo Beti, de Ngal, de Fantouré, de Mphalele, de Dakeyo, de Kunene, de Denis Brutus, de Monenembo, de Nurredine Farah, de tant d'autres... C'est le vécu de Kadi Hane, de Tanella Boni, de Léonora Miano.

Or, n'importe quel intellectuel, professeur, critique ou écrivain, peut être par les temps qui courent exclus de ces nations fragiles et en crise. Pour eux aussi « intellectuel africain » sera une identité plus solide que Tchadien, Libérien, Togolais ... l'identité culturelle que nul ne pourra leur arracher.

Et certes cela s'explique par les motifs dont notre collègue feint de s'indigner[114]. Nous ne les avons pourtant point inventés : ainsi, le refus d'être enfermés dans les micronationalismes ? Sans doute les intellectuels craignent les ghettos et c'est normal, en Afrique comme ailleurs. Peur d'être récupérés par les politiciens locaux ? Cela aussi c'est normal dans la mesure où des régimes abhorrés vont tenter de les utiliser, ou de les compromettre.

Impossibilité de se limiter à tel ou tel Etat, vu leur représentativité ethnique plus large ? Cela aussi est naturel, nous l'avons vu pour Kourouma le mandingue et Monembo le peul, mais nous pouvons citer dans une autre aire Kadima-le-Sage, qui répond à la question « certains

---

[114] Huannou O.C.

écrivains préfèrent parler d'un grand Congo réunissant les deux rives du fleuve ? » – « Culturellement c'est une réalité que nous vivons quotidiennement. On retrouve les mêmes ethnies de part et d'autre ». Et plus loin, il ajoute « trouver des traits distinctifs pertinents qui nous autoriseraient à dire qu'il y a une spécificité congolaise et une spécificité zaïroise me paraît impossible ».

Comme on le voit ce problème de non adéquation des frontières politiques et des ethnies porteuses de langues et de cultures n'est pas artificiel. C'est une des difficultés majeures des Etats d'Afrique où très vite une ethnie peut se trouver en bute avec le pouvoir, et passer en masse dans le pays d'à côté. Cependant, un écrivain malinké né en Guinée mais réfugié au Mali, ne sera pas pour autant à l'étranger. Ibrahima Ly, toucouleur né au Mali, emprisonné durant cinq ans et installé ensuite au Sénégal, préférait se dire écrivain africain.[115]

Kadima qui n'a pas vécu tous ce déboires, remarque de même : « Je suis reconnu comme un poète des deux rives, je suis accueilli de la même manière », et refuse de trancher entre zaïrois et congolais.

Un autre argument est avancé par les critiques et écrivains les plus lucides[116] : s'il existe une littérature nationale au sens propre, c'est d'abord celle qui s'exprime en langue nationale. Soit actuellement la littérature orale, et les écrits encore rares en Afrique francophone [mais nombreux en Afrique de l'Est (Kenya, Tanzanie)].

Or, justement les colloques sur les littératures nationales font silence sur les langues africaines ; et plus encore les Anthologies consacrées à ces littératures nationales dont on spécifie qu'elles sont d'expression française...

5 - <u>Les Anthologies amnésiques.</u>

Si bien qu'aujourd'hui, sous forme de promotion des littératures nationales francophones ou tout simplement des littératures francophones, on propose des ouvrages qui :

a – Amputent les écrivains de leur qualificatif identitaire de négro-africains.

b – Escamotent leur contexte continental : histoire et passé de l'Afrique.

---

[115] Intervention de Ibrahima Ly à la Table ronde de Dakar – 1985.
[116] Voir entre autres B. Mouralis dans *Littérature et développement*, éd. Silex.

c – Les représentent par pays sans les rattacher au mouvement littéraire dont ils sont nés.

d – Les font voisiner par ordre alphabétique, sans même établir entre eux une hiérarchie ou une filiation.

e – Font totalement disparaître la littérature orale et ses œuvres majeures.

f – Enfin classent chaque nation, par ordre alphabétique toujours, si bien que Martinique se trouve à côté de Mayotte ou Maurice, et que donc Césaire reste séparé de Senghor et d'Alioune Diop (Sénégal), ainsi que de Damas le Guyanais. Ce qui permet de pulvériser toute l'aventure de la Négritude à laquelle il ne sera consacré que quelques lignes à propos de Senghor, et sur la quelle on ne s'attardera pas.

Ainsi les auteurs sont bien mis en évidence, mais aux dépens de ce qui les explique, de l'histoire littéraire. Curieuse amnésie !

De même que naguère on fabriqua pour l'Afrique des Anthologies à thèmes, pour éviter de parler d'histoire. Car l'histoire littéraire africaine obligeait d'évoquer l'Histoire tout court, l'histoire des nègres. Cette histoire fut et reste gênante pour les éditeurs occidentaux.

Les anthologies et ouvrages scolaires ne sont pas innocents ; ceux qui tentent d'occulter le continuum historique qui relie la génération des écrivains africains d'aujourd'hui à leurs aînés, font éclater une machine de guerre intellectuelle qui avait démontré son efficacité en des temps plus hostiles. Si après trente ou quarante ans d'indépendance on essaie derechef, par des voies nouvelles certes, de disloquer la conscience africaine et de tuer le mythe fondateur de l'Afrique-Mère, c'est qu'on les craint encore...

Alors que dans les lycées de France on prend soin de maintenir l'histoire littéraire (à travers les manuels excellents de Lagarde et Michard ou de leur successeurs) pourquoi a-t-on supprimé l'histoire littéraire africaine, dans les lycées africains ?

Ce n'est pas en niant l'existence de la littérature négro-africaine que l'on contribuera à l'unité de l'Afrique. Nous demeurons convaincus que si tous les critiques décidaient de ne plus parler de littérature africaine, cela aurait, oui, une incidence sur l'unité de l'Afrique, ou en tout cas sur la conscience qu'elle a de son unité.

Il ne resterait plus alors aux écrivains que de persister, malgré les critiques, à se vouloir les témoins de Mother Africa. Avec ou sans littératures nationales que les turbulences politico-économiques du continent rendent pour l'instant encore aléatoires, le choix des écrivains

« beurs » se tournant plutôt vers l'intégration à la littérature française ou « mondiale ».

Ecoutons cet écrivain actuel, entièrement formé au Sénégal et publié par un organisme de développement agricole[117] qui fait parler un écrivain – personnage de son roman : « Je suis sorti de mon pays pour entrer dans mon pays. Entre mon pays natal et mon pays d'origine il n'y a aucune différence, si ce n'est quelques bornes posées par les étrangers... nous leur apprendrons à connaître et vivre la tendresse de notre mère Afrique qui est seule et une... une union de frères de même terre, de même mère ».

Comme on le constate le mythe est toujours bien vivant et c'est l'écrivain qui le véhicule, qui en demeure le gardien, le seul personnage du roman qui y croit, qui parle ce langage, langage de l'utopie sans doute, dans une société dégradée par la corruption et l'individualisme. Mais l'utopie c'est aussi l'espoir, c'est le projet prophétique intact malgré les désillusions des indépendances.

A l'heure où les nations européennes et arabes cherchent des regroupements qui les renforcent, il serait aberrant de répudier l'unité culturelle africaine, la seule qui existe déjà, forgée par les efforts conjugués de la Société Africaine de Culture, de *Présence africaine*, et des écrivains et intellectuels noirs des deux premières générations.

Lilyan KESTELOOT.

---

[117] Mamadou Samb – *De pulpe et d'orange*. Ed. ENDA 1990 – Dakar.

Brève bibliographie

1- Œuvres de Césaire

- 1935 Participe à la création de L'Etudiant Noir, avec L.S. Senghor.
- 1939 Publication dans *Volontés* du *Cahier d'un retour au pays natal*
- 1941 Crée avec René Ménil la revue *Tropiques* (1941-1945).
- 1946 Publication du recueil *Les Armes miraculeuses* - Gallimard.
- 1947 Crée avec Alioune Diop la revue *Présence Africaine*.
- 1948 Publication de *Soleil cou coupé*, K éditeur, Paris.
- 1949 Publication de *Corps perdu*, éd. Fragrances.
- 1950 Publication du *Discours sur le colonialisme*, in *Présence Africaine*.
- 1956 Version théâtrale de *Et les chiens se taisaient*. - Lettre à Maurice Thorez - in *Présence Africaine*.
- 1960 Publication de *Ferrements*, Seuil.
- 1961 Publication de *Cadastre* (reprise de *Soleil cou coupé* et de *Corps perdu*).
- 1962 Publication de l'essai *Toussaint Louverture*, in *Présence Africaine*.
- 1963 *La Tragédie du roi Christophe* (théâtre). in *Présence Africaine*.
- 1967 *Une saison au Congo* (théâtre), Seuil.
- 1969 *Une tempête* (théâtre), Seuil.
- 1982 Publication de *Moi, Laminaire...*, Seuil.
- 19894 *Aimé Césaire, La Poésie*, réédition sous la direction de Daniel Maximin et de Gilles Carpentier de son oeuvre poétique aux éditions du Seuil (l'ouvrage contient plusieurs inédits).

2 - Œuvres de Senghor

- 1935 Crée l'*Etudiant Noir* avec A. Césaire. Article : *l'Humanisme et nous*, René Maran.
- 1936 *l'Invasion de l'Ethiopie*, écrit A *l'Appel de la race de Saba*.
- 1938 Dans la revue *les Cahiers du Sud* : *A la mort* et *Nuit de Sine*.

644784 - Mars 2016
Achevé d'imprimer par